盾构隧道
内部双层预制结构设计施工关键技术

姜海西　编著

上海科学技术出版社

图书在版编目（CIP）数据

盾构隧道内部双层预制结构设计施工关键技术 / 姜海西编著. -- 上海：上海科学技术出版社，2021.9
ISBN 978-7-5478-5443-3

Ⅰ. ①盾… Ⅱ. ①姜… Ⅲ. ①城市隧道－隧道工程－预制结构－结构设计②城市隧道－隧道工程－预制结构－工程施工 Ⅳ. ①U459.9

中国版本图书馆CIP数据核字(2021)第152413号

盾构隧道内部双层预制结构设计施工关键技术
姜海西　编著

上海世纪出版(集团)有限公司
上海科学技术出版社　出版、发行
（上海钦州南路71号　邮政编码 200235　www.sstp.cn）
上海锦佳印刷有限公司印刷
开本 787×1092　1/16　印张　9.75
字数 210 千字
2021 年 9 月第 1 版　2021 年 9 月第 1 次印刷
ISBN 978-7-5478-5443-3/U・112
定价：80.00 元

本书如有缺页、错装或坏损等严重质量问题，请向工厂联系调换

内 容 提 要

本书从设计、预制、现场装配、机械设备等方面系统介绍了盾构隧道内部双层预制结构的关键技术和施工难点,提出了盾构隧道内部双层预制装配式车道结构体系,研发了盾构双层结构预制装配技术。该技术应用在上海市周家嘴路越江隧道、银都路越江隧道,并作为工程示范。本书内容有助于推动上海乃至全国地下道路隧道工程装配式技术发展,提升城市隧道建设水平。

本书可供从事隧道与地下工程设计、施工和科研等相关从业人员参考。

本书编委会

（按姓氏笔画排序）

卫张震	王文东	毕常芸	朱学银	任红梅
刘 芳	刘 念	刘 涛	刘博诗	严佳梁
李长学	李逸之	李章林	吴建兵	吴斌暄
邱俊男	宋丽妹	张玉富	郑 斌	郑学东
赵 程	禹海涛	饶 倩	姜海西	袁 勇
莫 超	贾尚华	徐致远	高卫平	姬瑒贝贝
黄 川	韩 林	温竹茵	熊子正	

序

  盾构法隧道的工程建设,体现了一个国家交通运输和土木建筑的总体水平。进入21世纪以来,大直径盾构法隧道正被越来越广泛地应用于我国公路、铁路、城市综合管廊等领域,成为了构建城市地下快速路网最有效的解决方法。地下空间资源极其宝贵,为了充分利用隧道内部空间,双层结构型式的大直径隧道建设越来越多。

  由于隧道内部空间狭小、双层结构型式复杂,传统现浇施工方式给内部双层结构施工带来诸多不便。随着装配式建筑技术的不断发展与日趋成熟,这一问题得到了很好的解决。预制装配式结构施工采用构件工厂流水制作与现场机械化装配,具有标准化程度高、控制精度高、施工作业快等一系列优点,并且更有利于实现内部结构与盾构掘进同步施工,可大大节约施工工期。全预制装配式隧道内部结构是当代隧道建设发展的必然趋势。

  本书针对上海地区的地质水文条件以及隧道结构型式,从设计、预制、装配等方面详细介绍了大直径盾构法隧道内部双层预制结构的关键技术,提出了隧道内部双层预制装配式车道结构体系,试验分析了构件连接节点形式及其力学特性,形成了预制装配式车道抗震试验方法,研发了隧道内部双层结构的预制与装配技术,并在上海诸光路地道、周家嘴路越江隧道得到了示范应用。

  本书引入了较多最新的理论和工程实践成果,由浅入深、图文并茂,可供设计与施工单位的专业技术人员、科研院所的研究人员和其他从事隧道及地下工程相关领域的工作者阅读参考。

  期望本书的成功出版,能为我国双层结构型式的盾构法隧道建设提供示范与参考,并推动城市地下空间高效、高质量及可持续发展。

周文波

2021 年 7 月

前 言

交通拥堵是超大型城市的痼疾，严重制约着城市的可持续发展。城市道路隧道作为城市地下空间拓展和城市立体交通网络构筑的"利器"，在解决城市交通拥堵和改善民生方面发挥着关键作用。全预制可以解决作业环境恶劣、安全风险大、质量控制难、施工工期长等诸多问题，因此双层预制结构盾构隧道可节约地下空间、提高建设效率、节省成本。

城市道路隧道建设出现了由小直径向大直径、由单层向双层、由短向长、由现浇到预制的发展趋势。借助成熟大直径盾构隧道技术及装配式建筑的发展与成熟，盾构隧道内部双层结构的全预制装配式已成为当代隧道建设发展的必然趋势。在以往的隧道建设过程中，工程总体预制化程度不高，基本属于半预制化状态，尚未实现内部结构的全预制装配化，对施工效率的提高和施工工期的缩短并不显著。目前国内尚无书籍对隧道内部双层结构的预制技术开展系统的总结和研究。本书依托实际工程，沿着"调研—研究—设计—施工—总结"的路线，对盾构隧道内部双层车道结构的预制装配技术进行了系统的研究和总结，形成了丰富的研究成果。本书的出版可为道路隧道预制装配式结构建造技术的推广应用提供重要的实践经验与技术基础。

本书主要包含以下内容：第1章介绍了国内外城市隧道的建设现状及发展趋势。第2章介绍了隧道内部板-梁-柱框架结构体系，以及内部结构与管片的连接方式。第3章根据建筑功能、结构安全、施工工艺等诸多因素，介绍了4种合理的拆分方式。第4章通过足尺试验分析了立柱-基座、基座-管片、梁-柱等关键节点的力学性能。第5章介绍了立柱、车道板、盖板、防撞侧石等预制构件的标准化生产关键技术。第6章介绍了立柱、车道板、盖板、防撞侧石吊装、运输、现场装配及设备选型。第7章介绍了全预制装配式烟道设计方案、接缝关键技术和快速化施工技术。

本书涉及的研究成果是在上海市科委项目（项目编号：16DZ1201900）资助下完成的。成果在完成过程中得到了上海城投公路投资（集团）有限公司、上海黄浦江越江设施投资建设发展有限公司、上海隧道工程有限公司、上海市政工程设计研究总院（集团）有限公司、同济大学等的大力支持和帮助，在此表示衷心的感谢。

由于作者水平有限，书中难免存在不足之处，恳请读者批评指正。

编 者

2020年10月

目　录

第1章　绪论 / 1

1.1　预制装配技术在隧道中应用现状 …………………………………………… 3
1.2　本书主要内容 …………………………………………………………………… 7

第2章　盾构隧道双层预制装配式结构体系 / 9

2.1　盾构隧道双层车道内部结构类型及特点 …………………………………… 11
　　2.1.1　"牛腿＋简支板"结构体系 ……………………………………………… 11
　　2.1.2　"板-梁-柱"结构体系 …………………………………………………… 11
　　2.1.3　"板-墙"结构体系 ………………………………………………………… 14
　　2.1.4　全预制内部结构的探索 ………………………………………………… 15
2.2　内部结构与盾构管片连接选型 ……………………………………………… 16
　　2.2.1　内部结构与盾构管片的连接类型 ……………………………………… 16
　　2.2.2　内部结构与盾构管片不同连接下的受力分析 ……………………… 17

第3章　预制装配整体式内部结构拆分设计 / 25

3.1　拆分方案一 ……………………………………………………………………… 27
　　3.1.1　拆分设计 ………………………………………………………………… 27
　　3.1.2　预制构件设计 …………………………………………………………… 27
　　3.1.3　施工工序 ………………………………………………………………… 33
3.2　拆分方案二 ……………………………………………………………………… 35
　　3.2.1　拆分设计 ………………………………………………………………… 35
　　3.2.2　预制构件设计 …………………………………………………………… 36
　　3.2.3　施工工序 ………………………………………………………………… 37
3.3　拆分方案三 ……………………………………………………………………… 39

  3.3.1 拆分设计 …………………………………………………………………… 39
  3.3.2 预制构件设计 ………………………………………………………………… 40
  3.3.3 施工工序 …………………………………………………………………… 40
 3.4 拆分方案四 ………………………………………………………………………… 42
  3.4.1 拆分设计 …………………………………………………………………… 42
  3.4.2 预制构件设计 ………………………………………………………………… 43
  3.4.3 施工工序 …………………………………………………………………… 44

第4章 连接节点形式与力学性能 / 47

 4.1 关键节点的连接方式 ……………………………………………………………… 49
  4.1.1 基座与预制立柱的连接方式 ……………………………………………… 49
  4.1.2 基座与管片的连接方式 …………………………………………………… 53
  4.1.3 梁-柱接头的连接形式 …………………………………………………… 54
 4.2 立柱与基座的连接力学试验 ……………………………………………………… 54
  4.2.1 预制立柱-基座节点数值模拟 …………………………………………… 54
  4.2.2 试验方案 …………………………………………………………………… 59
  4.2.3 材性试验 …………………………………………………………………… 61
  4.2.4 试验现象 …………………………………………………………………… 61
  4.2.5 试验结果分析 ……………………………………………………………… 67
 4.3 基座与管片的连接力学试验 ……………………………………………………… 76
  4.3.1 试验方案 …………………………………………………………………… 76
  4.3.2 试验现象 …………………………………………………………………… 76
  4.3.3 试验结果分析 ……………………………………………………………… 79
 4.4 梁-柱接头试验研究 ……………………………………………………………… 81
  4.4.1 试验方案 …………………………………………………………………… 81
  4.4.2 试验现象 …………………………………………………………………… 86
  4.4.3 试验结果分析 ……………………………………………………………… 92

第5章 成套预制技术 / 97

 5.1 预制立柱的生产 …………………………………………………………………… 99
  5.1.1 质量控制标准 ……………………………………………………………… 99
  5.1.2 现场制作工艺流程 ………………………………………………………… 100

5.2 预制车道板的生产 ··· 102
　　5.2.1 质量控制标准 ··· 102
　　5.2.2 构件生产流程 ··· 103
5.3 预制盖板及防撞侧石生产工艺 ··· 107
　　5.3.1 质量控制标准 ··· 107
　　5.3.2 构件生产流程 ··· 108

第6章　成套装配技术 / 111

6.1 预制π形件安装 ··· 113
　　6.1.1 预制π形件运输 ··· 113
　　6.1.2 π形件装配 ··· 114
　　6.1.3 π形件两侧混凝土填充 ·· 114
6.2 基座施工 ·· 115
　　6.2.1 管片植筋 ··· 115
　　6.2.2 基座浇筑及预留立柱插筋 ·· 117
6.3 立柱装配 ·· 118
　　6.3.1 立柱的运输 ··· 118
　　6.3.2 预制立柱的安装 ·· 118
　　6.3.3 套筒灌浆 ··· 120
6.4 车道板安装 ··· 122
　　6.4.1 车道板运输 ··· 122
　　6.4.2 车道板安装 ··· 122
　　6.4.3 后浇接头施工 ·· 126
6.5 盖板及防撞侧石安装 ··· 127
　　6.5.1 盖板安装 ··· 127
　　6.5.2 防撞侧石安装 ·· 127

第7章　盾构隧道全预制装配式烟道设计及施工技术 / 129

7.1 烟道现状技术 ··· 131
7.2 全预制装配式烟道设计方案 ··· 133
　　7.2.1 烟道板设计方案 ·· 133
　　7.2.2 接缝关键技术 ·· 134

7.3 烟道板快速化施工技术 ………………………………………………… 135
    7.3.1 所需设施和设备 ……………………………………………… 136
    7.3.2 牛腿施工 ……………………………………………………… 137
    7.3.3 烟道板的预制 ………………………………………………… 138
    7.3.4 烟道板现场装配 ……………………………………………… 139

参考文献 / 141

CHAPTER 1

第 1 章

绪 论

随着我国经济建设的高速发展,城市总体交通需求持续增加,交通运输线路的规划与建设日益迫切。道路隧道埋设于地下,具有不影响自然景观、不影响水域通航、运营受自然气候影响小的优点,已成为大城市解决交通问题的主要途径。

为了充分利用公路隧道的内部空间,目前公路盾构隧道朝着大直径、双层方向发展,内部结构越来越复杂,但是隧道狭长内部空间限制了大型安装设备的进入,给内部结构的施工带来诸多不便。传统的现浇施工工艺已不能满足现代隧道建设的需求,传统工艺主要带来以下问题:① 现场需搭设大量支架和模板,搭设时间长,施工过程安全风险大,监管工作量大、难度高、效率低。② 隧道内部环境相对封闭,空气流动性差,声、光、尘等污染对民工身体危害大。③ 大量的现浇工作施工效率低下、建造工期过长。④ 粗放型的施工模式导致行业整体能耗高,浪费严重。

相比于传统的现浇工艺,预制装配结构施工采用流水作业、机械化施工,具有标准化程度高、精度好的特点,对保证结构质量、提高施工速度起到了重要作用。随着装配式建筑的发展与成熟,内部结构的全预制装配式是当代隧道建设的必然趋势。

本书主要介绍盾构隧道内部双层车道结构的预制装配技术,包括内部双层结构体系的受力分析和选取及合理划分、各部件之间各类接头的力学性能研究及可靠性、各预制构件工厂预制及现场快速装配的成套工艺与设备。

1.1 预制装配技术在隧道中应用现状

1)隧道内部单层结构预制现状

盾构隧道主要用于满足社会交通需求,其断面形式主要有两种:单层和双层。前期受制于盾构直径的大小,我国盾构隧道内部结构多为单层,如上海第一条越江隧道打浦桥路隧道,以及后期陆续建设的人民路隧道、新建路隧道、西藏南路隧道、上海长江隧道、龙耀路隧道、虹梅南路隧道等。

目前单层隧道的预制装配模式已经成熟,主要有两种模式:一是口字件+两侧现浇的半预制化技术,二是口字件+预制板+管片植筋制作牛腿的形式。对应于以上两种建造模式,表1.1列举了国内部分单层隧道内部结构的预制情况。

表1.1 国内单层内部结构盾构隧道情况

隧道名称	隧道直径/m	横断面布置	单层结构形式
人民路隧道	外径:11.36 内径:10.36	双车道	预制口字件+两侧现浇车道板
新建路隧道			
西藏南路隧道			
龙耀路隧道			
虹梅南路隧道	外径:14.5 内径:13.3	三车道	

续表

隧道名称	隧道直径/m	横断面布置	单层结构形式
上海长江隧道	外径：11.36 内径：10.36	三车道	预制口字件＋两侧现浇车道板
江浦路越江隧道	外径：11.36 内径：10.36	双车道	预制口字件＋两侧预制车道板

人民路隧道、虹梅南路隧道、上海长江隧道等均采用了预制口字件＋现浇车道板相结合的设计方法，其断面形式可参考图1.1[1]。口字预制件施工机械既可以采用盾构机自带的安装设备，也可以采用单独吊车，施工灵活方便。口字预制件一般随着盾构推进同步进行安装，安装好的口字件可以作为隧道内的施工便道。两侧现浇车道板采用满堂支架的形式。

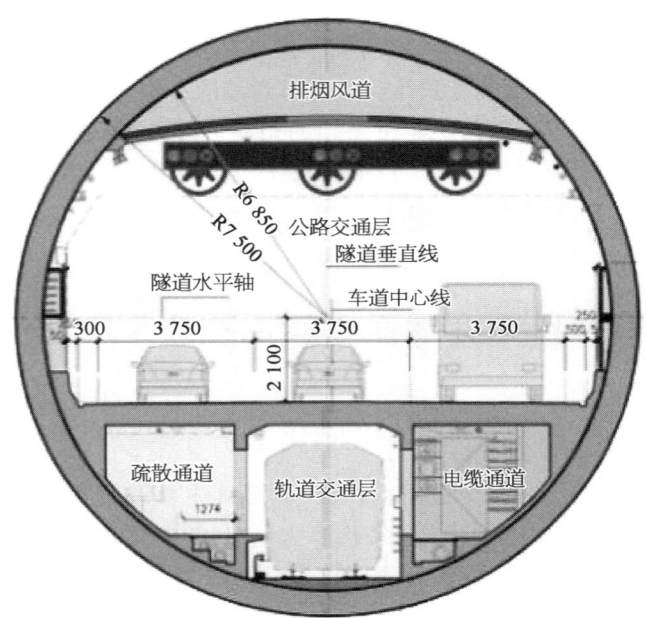

图1.1 上海长江隧道横断面

江浦路越江隧道实现了内部结构全预制，采用预制口字件＋预制车道板的设计，整个隧道预制率高达96%。两侧车道板采用预制形式，省去了满堂脚手架的搭设，大大节省了劳动力及施工时间。图1.2为江浦路越江隧道横断面示意图。图1.3、图1.4为隧道内部预制口字件和预制车道板的施工状态，从中可以看到现场文明施工得到了很好的保证。

2）隧道内部双层结构预制现状

为了充分利用盾构隧道内部空间、节约城市地下空间资源，双层车道结构在大直径盾构隧道设计中得到了广泛的应用，其结构以现浇为主，如表1.2所列的上海军工路隧道、杭州瘦西湖隧道、上海上中路隧道。但是，狭长的隧道空间给现浇施工带来极大困难，为了节省工期和方便施工，不断进行着双层盾构隧道的预制研究。

图 1.2 江浦路越江隧道横断面

图 1.3 江浦路越江隧道口字件安装

图 1.4 江浦路越江隧道车道板安装

表 1.2 国内双层内部结构盾构隧道情况

隧 道 名 称	直径/m	横断面布置	上层车道结构	下层车道结构
复兴东路隧道	外径：11 内径：10	上下四车道	预制牛腿＋预制上层车道板	现浇
军工路隧道	外径：14.5 内径：13.3	上下四车道	现浇	预制π形件
迎宾三路隧道	外径：13.9 内径：12.7	上下四车道	预制π形件	现浇
瘦西湖隧道	外径：14.5 内径：13.3	上下四车道	现浇	现浇
纬三路过江通道	外径：14.5 内径：13.3	上下四车道	现浇立柱＋纵梁＋预制上层车道板	预制口字件
上中路隧道	外径：14.5 内径：13.3	上下四车道	现浇	预制π形件

目前盾构隧道内部双层结构的预制装配技术取得了一定的研究成果并得到了应用,如复兴东路隧道作为我国第一条内部双层结构盾构隧道建设模式,同时也是预制装配技术在内部双层结构中的第一次尝试。随后在上中路隧道、军工路隧道、外滩通道、迎宾三路隧道中,该技术已经趋于成熟。下面详细介绍一些内部双层预制结构形式。

上海复兴东路隧道管片外径 11 m,内径 10 m,厚 48 cm,环宽 1.5 m。上层车道宽(3+3)m,通行净高 2.6 m,下层车道宽(3.5+2.5)m,通行净高 4 m。上层为小车道,下层为大车道另设紧急停车道[2-4]。其横断面形式如图 1.5 所示,上层车道板为预制结构。在构件预制过程中,牛腿与管片一次成型,预制车道板搁置在牛腿的球冠橡胶支座之上。上层预制车道板安装及道路施工与隧道掘进同时进行。

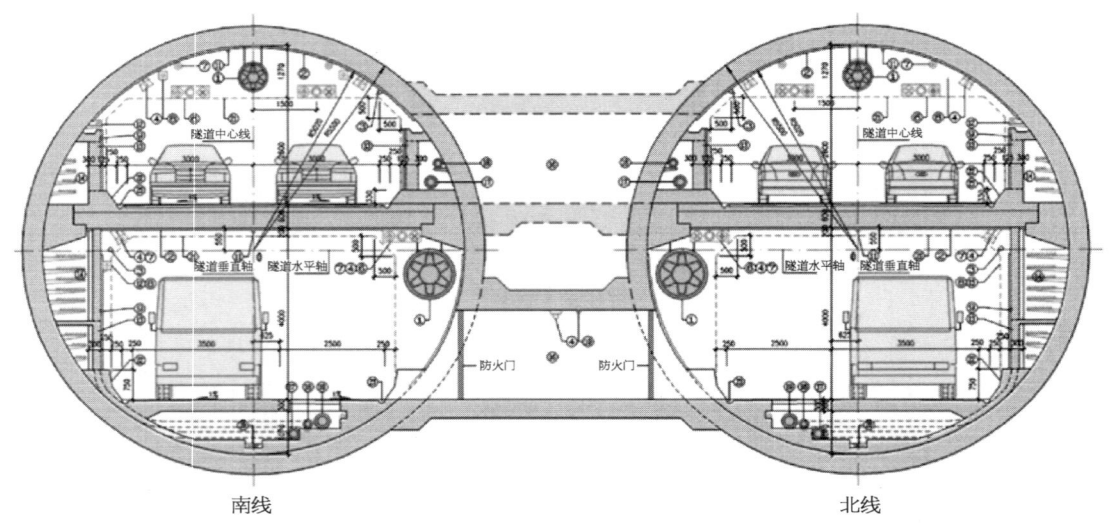

图 1.5 上海复兴东路隧道横断面(圆形隧道)

为了既不影响盾构的正常推进,又能够在狭小的空间内进行上层车道板的安装,专门设计了长 9 m 的超低运输平板车。平板车设前后两组共 4 根轴,为使道路板的受力分散,每组两根轴之间的间距增大了 1.6 m,车道板的安装采用悬臂回转的形式,下层空间则全部让给下层道路施工使用,隧道内形成了立体运输格局。隧道贯通后进行下层道路施工。下层为现浇结构,从底部往上依次为弓形底板、中隔墙、路面板和牛腿、防撞侧石。

此预制方案大大提高了盾构内车道结构的施工速度,达到了当时的先进水平,但是预制的牛腿限制了管片制造及装配施工的灵活性,上层车道的整体性较差,抗震不利。

上海军工路隧道外径 14.5 m,内径 13.3 m,双层,上下四车道。隧道下层采用 π 形预制结构,两层立柱基础、立柱上层车道板均采用现浇结构[5,6],横断面形式如图 1.6 所示。

南京纬三路隧道采用上层车道板预制+梁板后浇接头形式[7,8],车道立柱与车道纵梁共同浇筑,如图 1.7 所示,车道板进行预制。车道板安装于车道纵梁侧面牛腿顶面,车道板与车道纵梁通过后浇混凝土及预留钢筋进行连接。

标准车道板尺寸为 3 m×10 m,重 30 t,采用 40 t 的双头平板车从上层车道运输。车道板的安装通过架设在纵梁牛腿的架梁机完成,安装过程分为起吊、平移、旋转、平移、下放、定位安装等过程。

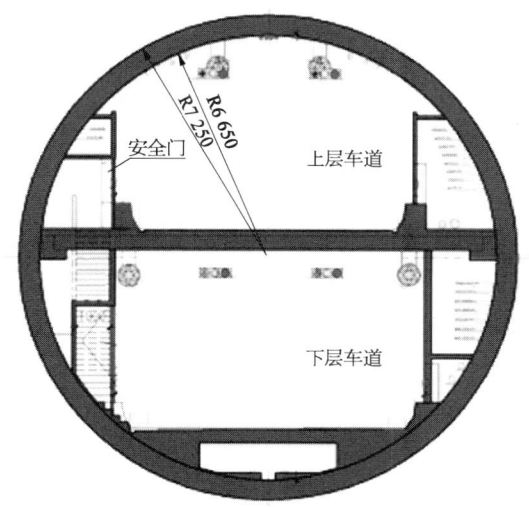
图 1.6　上海军工路隧道横断面

图 1.7　现浇立柱与纵梁

综上所述,目前上层车道预制化程度不高,基本属于半预制化状态,尚未实现内部结构的全预制装配化。

1.2　本书主要内容

目前我国隧道内部双层结构预制化水平不高,只是实现了π形件、口字形构件等下层结构的预制,上层车道结构基本采用现浇法施工。要想实现隧道内部结构的全预制化,还需解决一系列问题。

盾构隧道狭长的内部空间限制了大型安装设备的进入,导致预制构件尺寸受限,使预制构件体系面临"桥梁的荷载、民建的尺寸""接头细小而繁多""拼装烦琐"等困难与挑战。同时,预制构件的拆分与现状连接必然会引起受力的改变与设计方法的调整。特别是连接接头"细小"的情况下,接头刚度是否满足要求,亟待解决。本书从双层盾构隧道预制装配式结构体系选型、拆分设计、连接节点形式及力学性能、整体受力特性等方面开展相关研究,形成道路隧道内部双层预制装配式结构设计技术。

道路盾构隧道内部预制结构在运营中承受较大的车辆荷载,因此对预制构件质量、构件间节点连接的精确性与可靠性要求很高。为避免分块过多,预制单个构件尺寸与重量相对较大,而整个结构体系装配施工必须在有限空间内完成,且要确保预制结构与盾构掘进轴线的协调性,因此构件吊装、构件安装基准点的控制难度相当大。为此,本书详细介绍了盾构隧道内部双层结构预制构件成套标准生产、现场装配技术。

CHAPTER 2

第 2 章

盾构隧道双层预制装配式结构体系

盾构隧道内部双层结构可拆分为下层车道结构和上层车道结构。下层车道结构常采用口字形预制件或π形预制件。由于预制技术的采用，可以实现其与管片装配的同步施工，以形成管片、泥土外运等的施工临时通道。此项预制技术已经进入较为成熟的阶段。上层车道结构的设计与施工较为灵活，常采用的结构有"牛腿+简支板"体系（如上海复兴路隧道）、"板-墙"体系（如上海北横通道）和"板-梁-柱"体系（如上海军工路隧道、上海外滩通道、上海上中路隧道、南京纬三路隧道）。上述3种上层车道结构体系，除"牛腿+简支板"体系外，其余结构体系均以现浇施工工艺为主，预制化程度很低。因此有必要进行上层车道结构体系的预制装配式结构体系选型研究。

上层车道结构体系的预制装配式结构体系选型，除应考虑基本的功用及受力特征外，还应考虑盾构隧道自身特点的限制，如内部结构与盾构管片的变形协调问题、盾构内部狭小使用空间问题等。

本章通过开展盾构隧道双层车道预制装配结构体系的受力分析，总结盾构隧道双层车道预制装配结构体系的受力特点及各预制构件间节点的受力行为，为盾构隧道双层车道预制装配结构体系的选型、构造、配筋等提供技术支持，以使装配式结构具有较好的整体性、抗震性及耐久性，从而形成盾构隧道内部双层结构预制装配式框架结构体系的整体设计。

2.1 盾构隧道双层车道内部结构类型及特点

2.1.1 "牛腿+简支板"结构体系

"牛腿+简支板"结构体系的典型代表是上海复兴路隧道，如图2.1所示。经过大量工程实践发现，"牛腿+简支板"结构体系具有以下局限性：① 预制牛腿限制了管片制造、装配施工的灵活性，管片只能通缝装配；② 上层车道的整体性较差，抗震不利；③ 管片装配质量直接影响内部结构，支座调整精度能力有限；④ 支座更换、监测困难，后期运营、养护成本高。因此，在随后的隧道建设中很少用到此种结构形式，但是此种结构形式在当时算是一次大胆尝试及一次重要创新。

图2.1 "牛腿+简支板"结构体系

2.1.2 "板-梁-柱"结构体系

"板-梁-柱"结构体系为目前双层盾构隧道最常用的内部结构体系，如图2.2所示。上海上中路隧道、军工路隧道、外滩通道、迎宾三路隧道、周家嘴路越江隧道、诸光路通道,以及南京纬三路隧道等工程,均采用"板-梁-柱"结构体系。

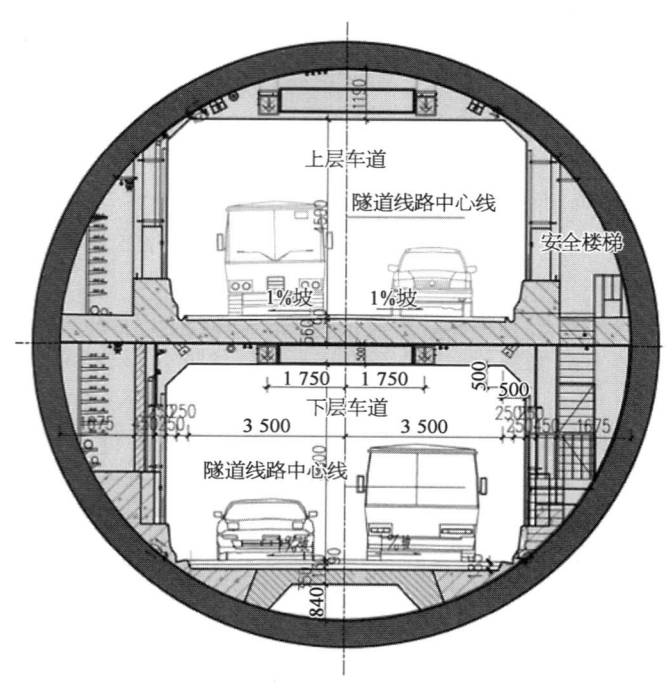

图 2.2 盾构隧道内部"板-梁-柱"结构体系

其中,上海上中路隧道、军工路隧道、外滩通道、迎宾三路隧道均采用滑膜现浇施工。即下层车道结构采用预制 π 形构件或口字形构件,快速形成施工临时通道,保证盾构管片、同步注浆液等运输。预制 π 形构件或口字形构件两侧采用素混凝土填充。上层车道结构采用"板-梁-柱"结构体系和滑膜现浇施工工艺。上层车道立柱通过植筋与管片直接连接。

"板-梁-柱"结构体系的荷载由板至梁、柱依次传递,具有传力路径明确、受力机理清晰的特点。但此体系中纵梁受弯剪扭共同作用,处于不利状态。由于纵梁抗扭能力不足及立柱刚度远小于上层车道板,纵梁及立柱对上层车道板的约束作用有限,不能形成刚性约束。所以,上层车道板的受力特征如同三跨连续梁结构,如图 2.3 所示。

此外,为了使纵梁满足抗扭最小截面要求,常采用加大梁高的办法,使立柱抗弯刚度远小于纵梁,从而使立柱对纵梁的约束作用有限,不能形成刚性连接。所以,纵梁的受力特征如同多跨连续梁结构,如图 2.4 所示。

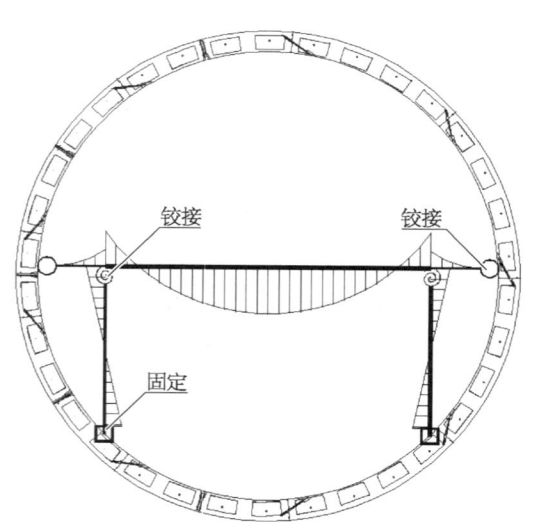

图 2.3 上层车道结构受力简图
("板-梁-柱"结构体系)

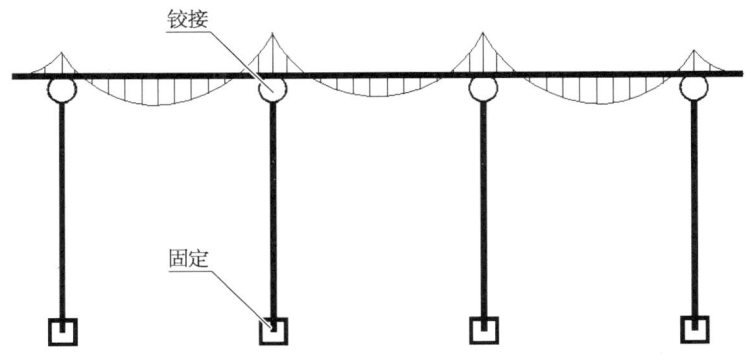

图 2.4 上层车道结构纵向受力简图("板-梁-柱"结构体系)

南京纬三路过江通道为双管双层四车道盾构隧道,隧道外径 14.5 m,管片厚 0.6 m,内径 13.3 m。内部结构为上下双层结构,采用"板-梁-柱"结构体系,并尝试预制化研究。即下层车道结构由预制口字形构件与现浇车道基础两部分组成。上层行车道采用 520 mm 厚预制混凝土空心板,上覆 100 mm 找平层和 100 mm 厚沥青混凝土路面。上层行车道板支承于两侧的上层车道纵梁,纵梁截面 500 mm×1 200 mm。上层车道通过车道立柱支承于下层车道基础,立柱截面 500 mm×500 mm。上层车道纵梁和立柱均为现浇结构。南京纬三路过江通道采用"模块化、标准化"的预制结构,即"现浇框架梁、柱+预制上层车道板"的方案,如图 2.5 所示。但是盾构预制率依旧较低。

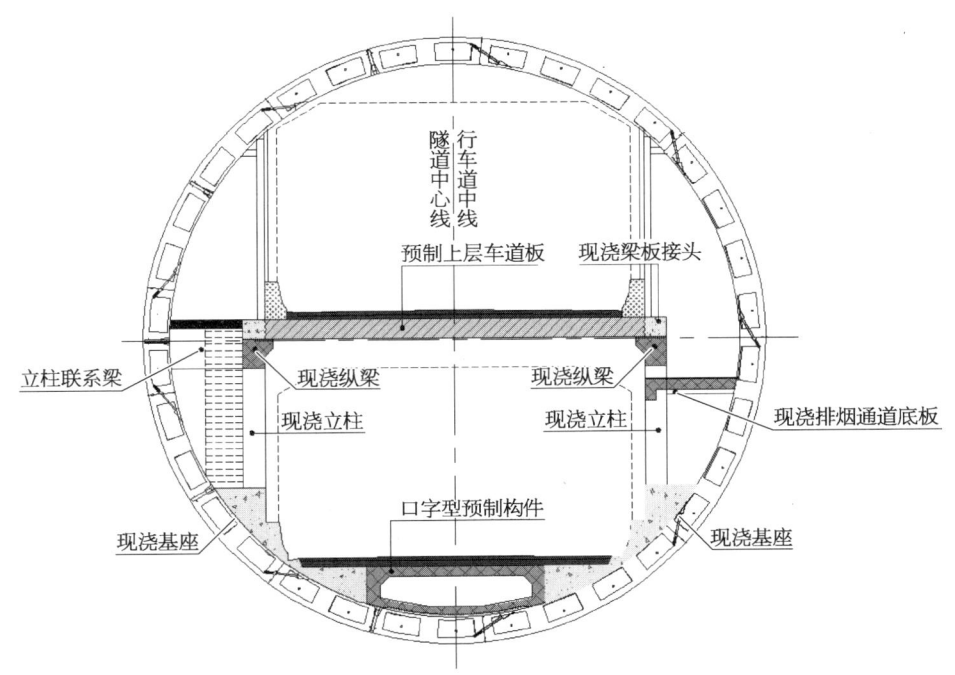

图 2.5 南京纬三路过江隧道预制内部结构

盾构隧道内部空间狭小,大型、重型设备无法进入内部施工。预制化结构设计时,常将现浇结构体系分解成多个体积小巧的预制构件,通过后浇接头连接。"板-梁-柱"结构体系受力特点明确,常拆分为板、梁、柱构件。构件尺寸小,重量轻,对安装设备要求低,适用于盾构隧道内部结构预制化设计。

2.1.3 "板-墙"结构体系

美国西雅图 SR99 公路隧道,内径 15.85 m,为双层四车道结构,采用"板-墙"结构体系,如图 2.6 所示。侧墙通过基座与管片连接。采用滑膜现浇施工工艺。

图 2.6 "板-墙"结构体系(美国西雅图 SR99 公路隧道)

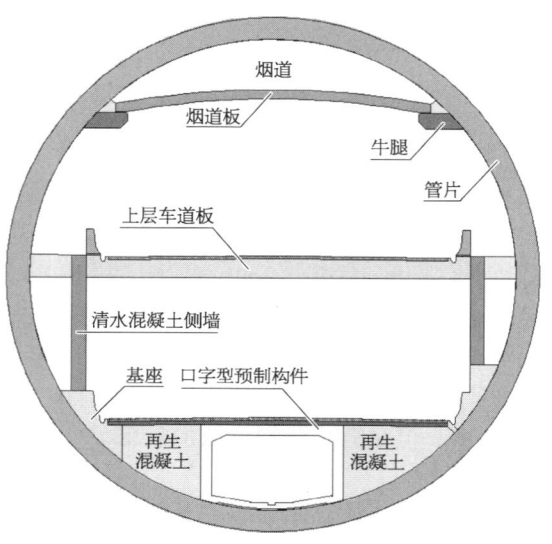

图 2.7 "板-墙"结构体系(上海北横通道工程)

上海北横通道公路隧道,盾构内径 13.7 m,外径 15.0 m,管片厚 0.65 m,为双层双向四车道+二紧急停车道,如图 2.7 所示。类似于美国西雅图 SR99 公路隧道,侧墙通过基座与管片连接。不同之处在于,北横通道下层车道结构采用国内常用的预制口字形构件,快速形成施工临时通道,保证盾构管片、螺栓等的运输。预制口字形构件两侧采用再生素混凝土填充。上层车道结构采用滑模工艺,其中侧墙为清水混凝土结构(图 2.8)。

图 2.8 上海北横通道清水混凝土内部结构效果图

"板-墙"结构体系的荷载由板传递给墙、墙传递给基座、基座传递给管片,具有传力路径明确、受力机理清晰的特点。此结构体系侧墙对上层车道板的约束作用较强。车道板跨中弯矩小于"板-梁-柱"结构体系,所以上层车道板的受力特征如图 2.9 示。

墙的刚度远大于柱,但是其每延米化钢筋数量远多于立柱。其连接接头施工烦琐度也随之远大于立柱。同时,墙纵向也需要连接,增加了盾构隧道内的施工工序。

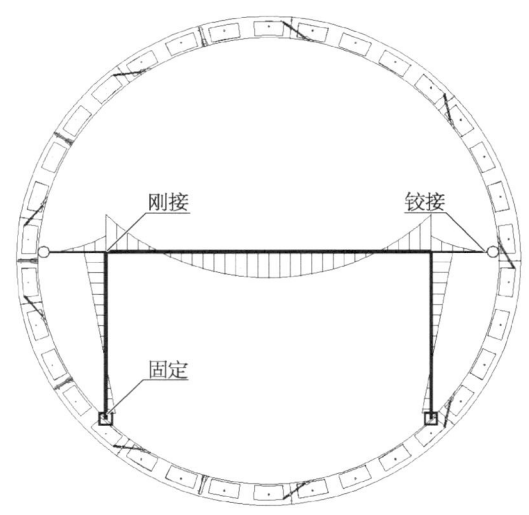

图 2.9 上层车道结构受力简图
("板-梁-柱"结构体系)

2.1.4 全预制内部结构的探索

上海军工路隧道采用双层车道结构,隧道内径 13.3 m。该隧道内部双层结构曾进行过全预制化设计。双层车道结构从下到上依次分为 3 个预制结构、3 个预制构件:底部车道结构及上层车道基础、两侧的箱型构件和上层行车道板。本方案中,车道板通过支座简支于两侧的箱型结构顶部。箱型结构、下层车道及上层车道均采用 2 m 宽的预制构件进行纵向和横向拼接。由于隧道内部空间狭小,底部的预制车道基础、两侧的箱型预制结构安装难度大,对盾构掘进施工影响大,最终军工路隧道未采用该全预制方案(图 2.10),而采用了底部设置 π 形预制件形成临时通道、上层车道采用滑膜现浇施工的方案。

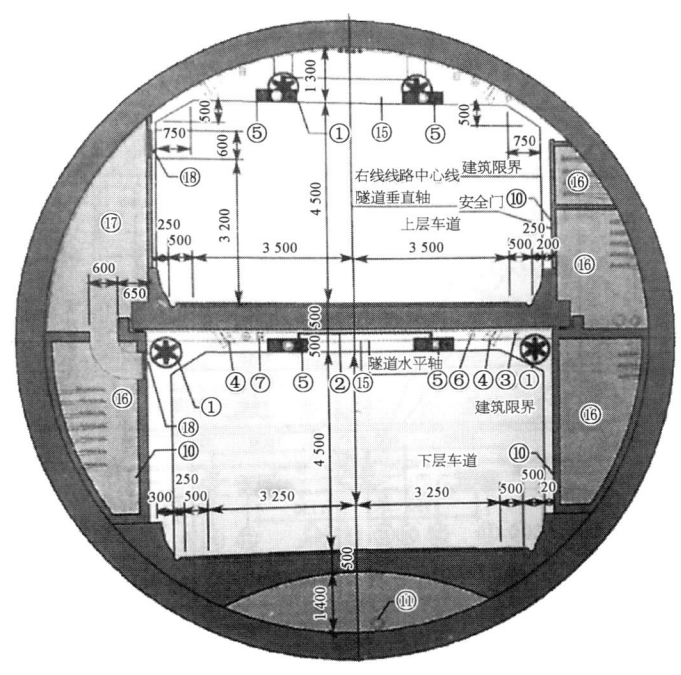

图 2.10 全预制方案(军工路隧道)

2.2 内部结构与盾构管片连接选型

2.2.1 内部结构与盾构管片的连接类型

盾构隧道内部车行结构通过水平、竖向构件将汽车、重量等荷载传递给盾构管片，盾构管片再传递给地基。因此，车行结构与盾构管片的连接形式直接关系到车行结构与盾构管片的受力特性，应根据结构特点、施工工艺和内力状态，选择合适的车行结构与盾构管片的连接形式。盾构隧道车行结构与预制管片的连接，主要通过植筋工艺实现。植筋工艺施工烦琐，且损伤盾构管片，设计时应尽可能避免或减少植筋直径和数量。

对于双层盾构隧道，为了快速形成施工临时通道，下层车道结构常简支于隧道拱底。上层车道结构的竖向构件则需要牢靠地固定在管片上，以增强盾构隧道的纵向连接。目前主要由两种方式实现：一是立柱主筋直接植筋植入管片；二是立柱锚固于基座，基座与管片植筋连接。方式二较方式一，柱底接头预留钢筋预留精度高，预制实施更容易。

上层车道板与预制管片的连接方式多样，可以归结如下四类：① 固接，即上层车道与预制管片牢靠连接；② 铰接，此时预制管片限制上层车道板位移，无法有效约束其转动；③ 水平链杆连接，此时预制管片仅限制上层车道板水平位移；④ 无连接，如图2.11所示。

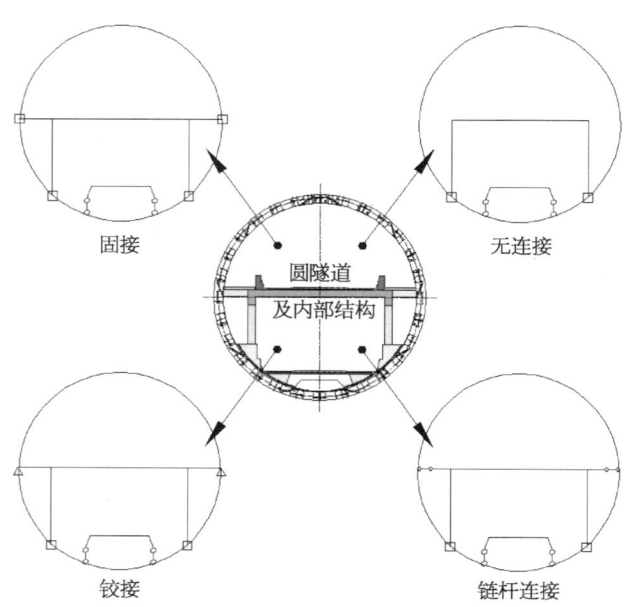

图 2.11 内部结构与圆隧道的连接

2.2.2 内部结构与盾构管片不同连接下的受力分析

1）计算模型

根据平面应变问题的有限元方法,采用杆系单元模拟预制管片、立柱、纵梁、上层车道板等结构。通过释放位移限制来模拟4种连接方式,如图2.12所示。

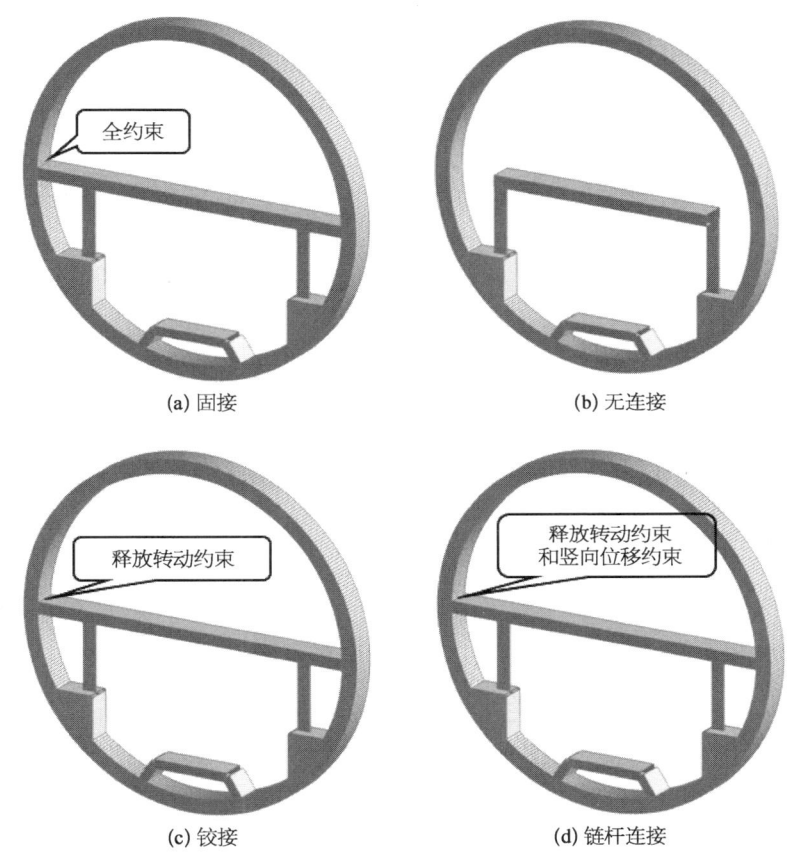

图 2.12 计算模型

软土地区盾构隧道土拱效应难以形成,且围岩荷载发展迅速、瞬时完成。根据现有经验,盾尾后200环左右,盾构隧道变形收敛。内部结构施工时,盾构隧道变形稳定。因此可以不考虑围岩荷载对内部结构的影响。

内部结构荷载主要由内部结构自重、机电设备悬挂荷载和车辆荷载组成。车辆荷载按城-A取值。

2）计算结果

（1）固接模型计算结果,如图2.13所示。
（2）铰接模型计算结果,如图2.14所示。
（3）链杆连接模型计算结果,如图2.15所示。
（4）无连接模型计算结果,如图2.16所示。

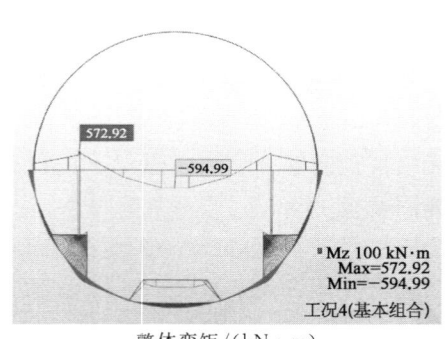
整体弯矩/(kN·m)

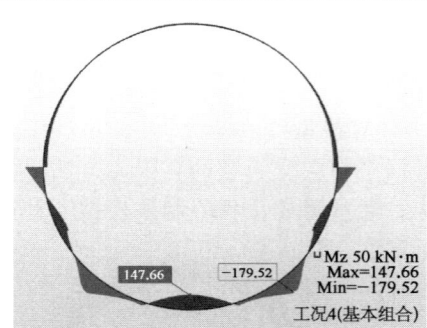
管片因内部结构引起的附加弯矩/(kN·m)

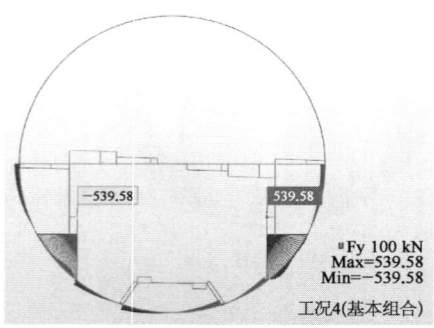
整体剪力/kN

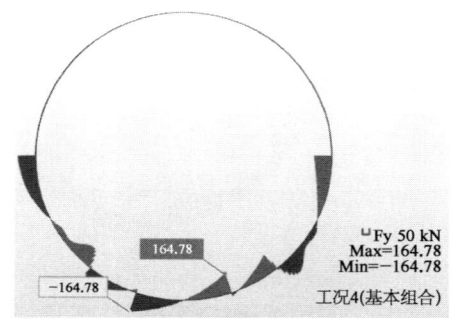
管片因内部结构引起的附加剪力/kN

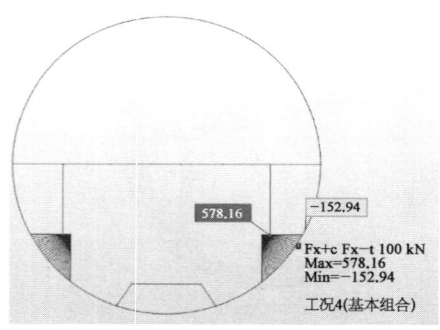
整体轴力/kN

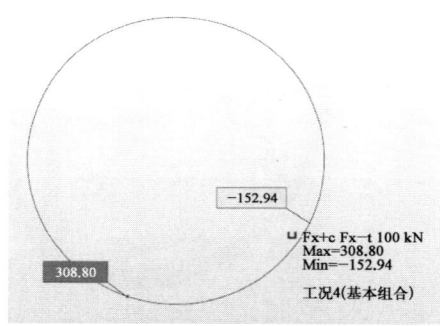
管片因内部结构引起的附加轴力/kN

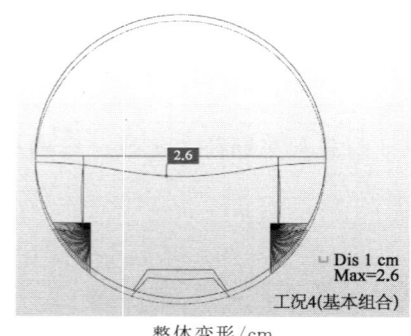
整体变形/cm

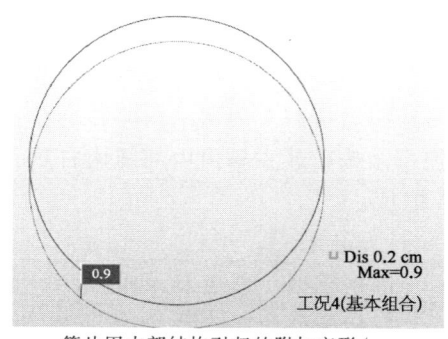
管片因内部结构引起的附加变形/cm

图 2.13　固接模型内力及变形

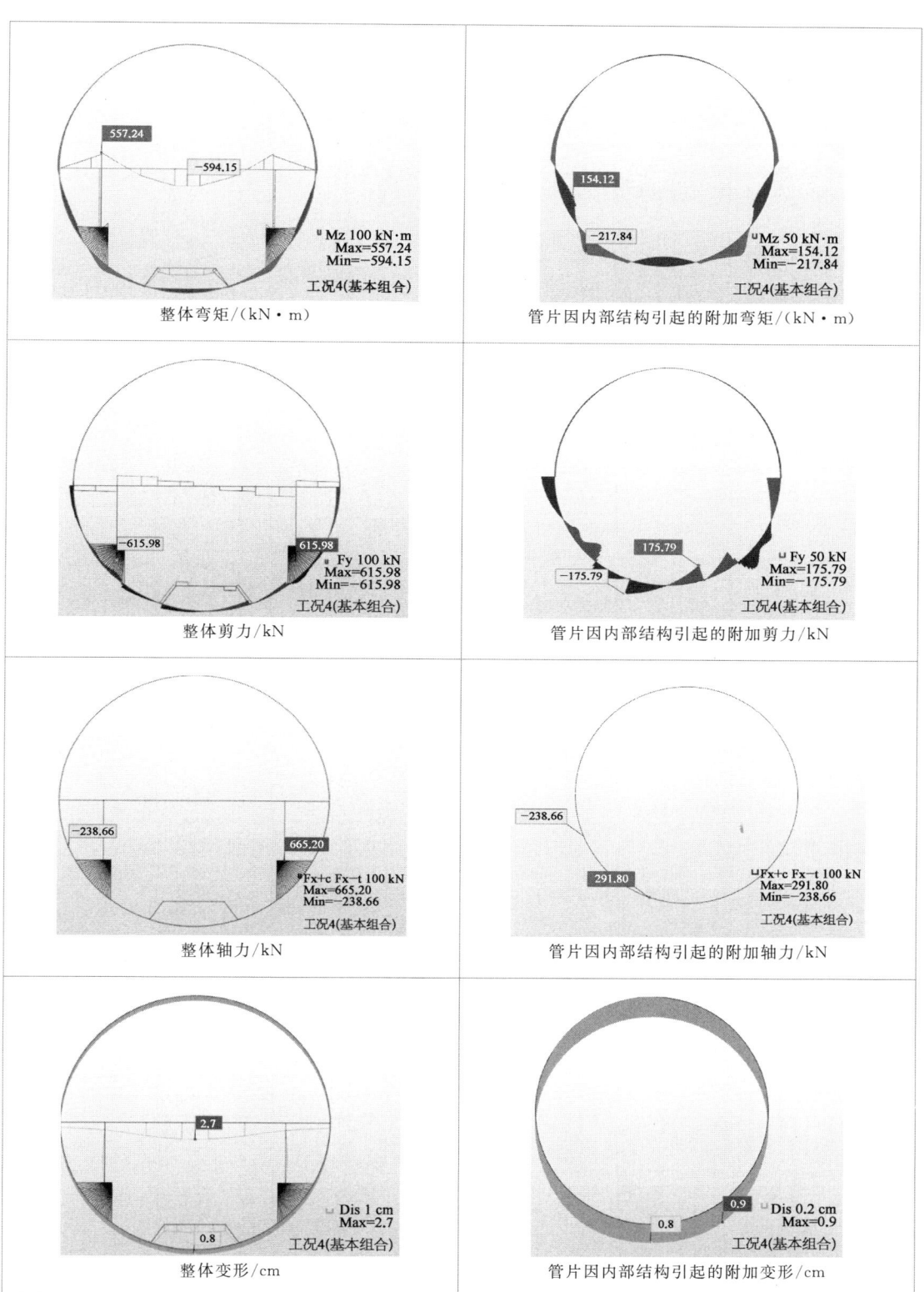

图 2.14 铰接模型内力及变形

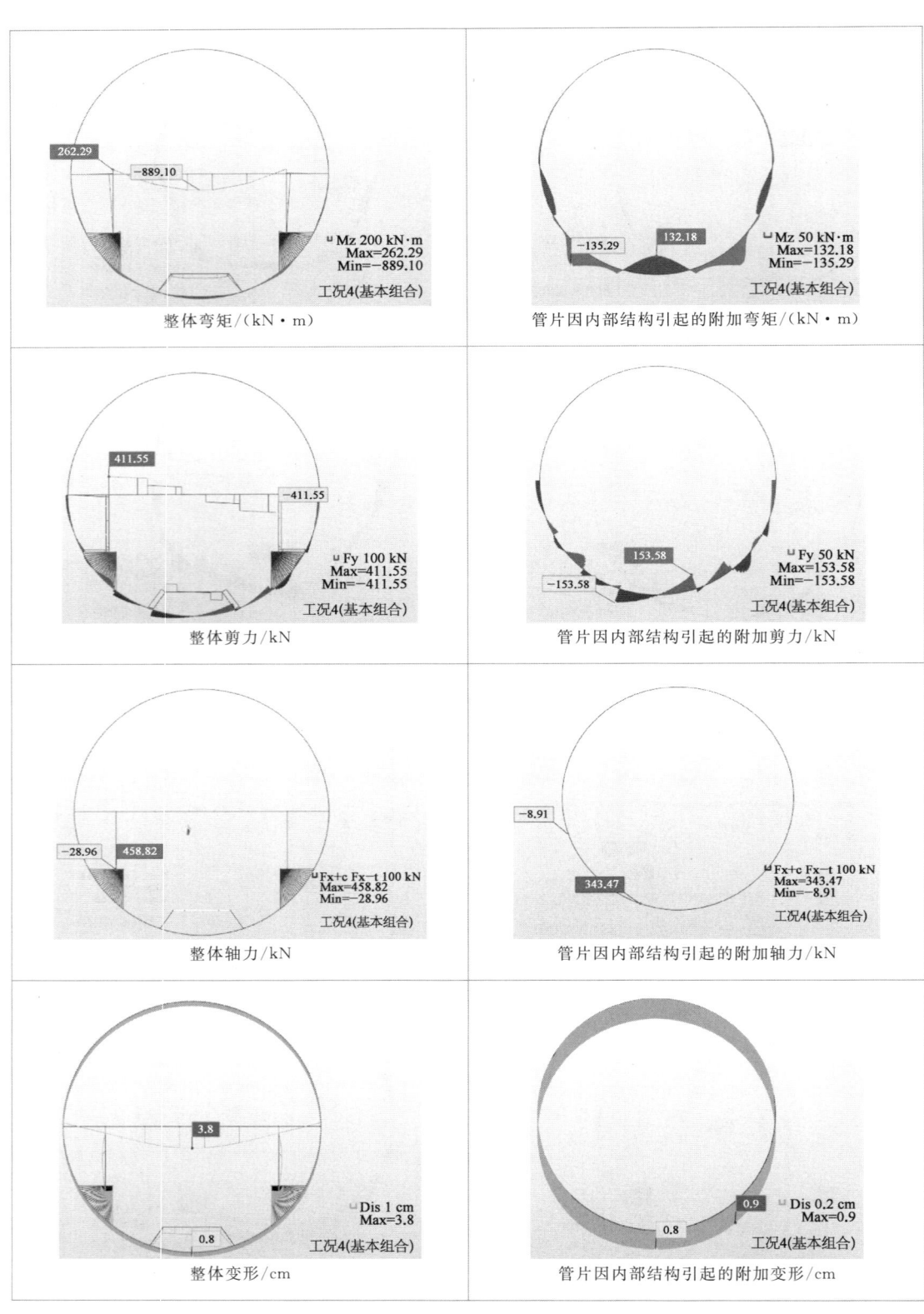

图 2.15 链杆连接模型内力及变形

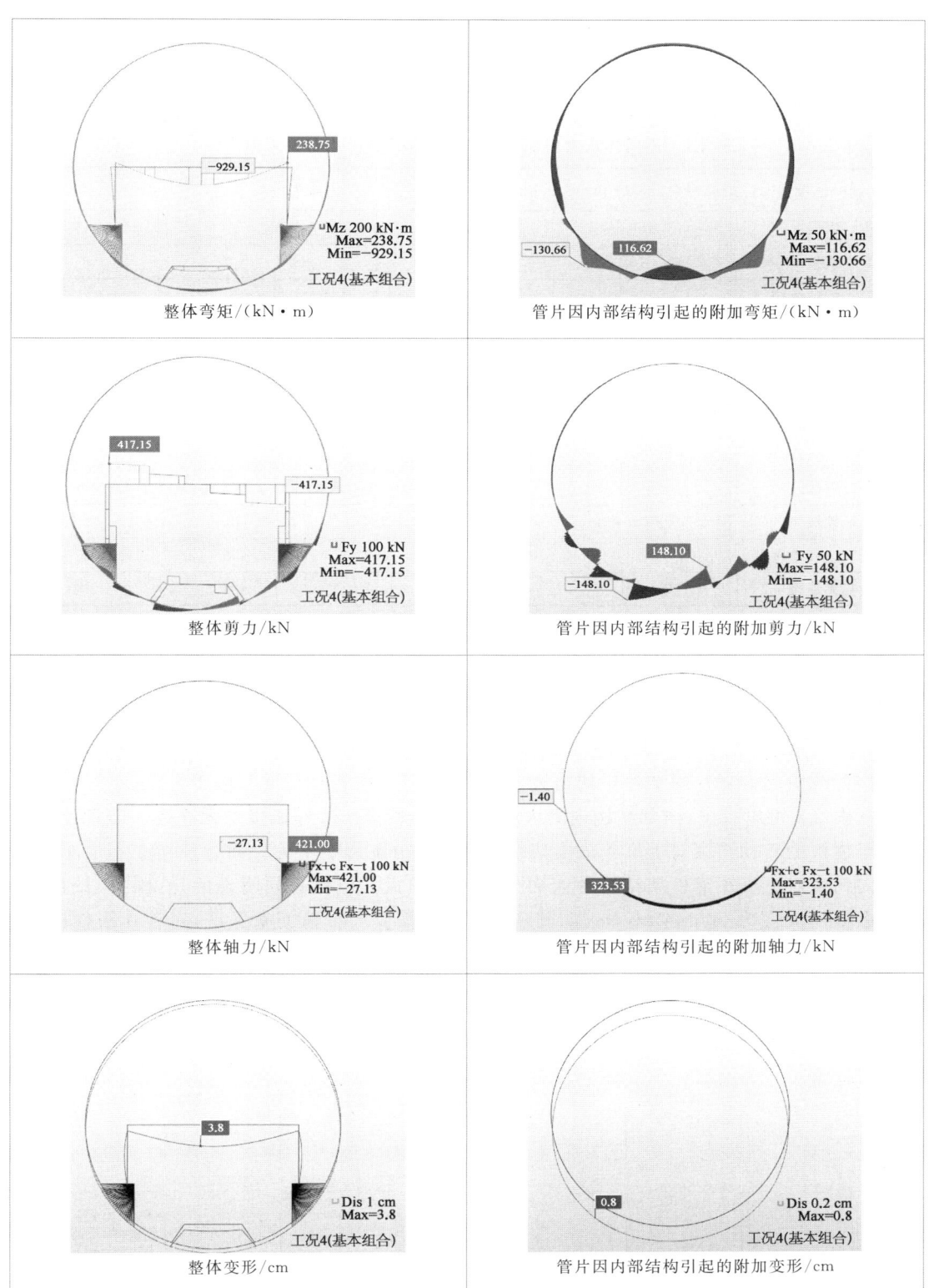

图 2.16 无连接模型内力及变形

3) 计算结果分析

结构体系传力路径随连接节点刚度、自由度的不同而改变,其详细内力结果见表2.1、表2.2。

表2.1 不同体系由内部结构荷载引起的管片附加内力最大值

工 况	弯矩/(kN·m)	剪力/kN	轴力/kN	变形/cm
工况1 固接	180	165	309	0.9
工况2 铰接	218	176	292	0.9
工况3 链杆连接	135	154	344	0.9
工况4 无连接	131	148	324	0.8

表2.2 不同体系内部结构内力

工 况	弯矩(跨中)/(kN·m)	弯矩(支座)/(kN·m)	剪力/kN	轴力/kN	变形/cm
工况1 固接	595	573	540	578	2.6
工况2 铰接	595	557	616	666	2.7
工况3 链杆连接	889	262	412	459	3.8
工况4 无连接	929	239	417	421	3.8

从表2.1可以看出,不同体系由内部结构荷载引起的管片附加弯矩最大值在131～218 kN·m。以I型管片配筋(含钢量最低)为例,控制工况处,埋深15 m,盾构断面内土层为④、⑤1、⑥,地层抗力系数$K=3\,119$ kN/m³,加权平均黏聚力≈21.4,加权平均内摩擦角≈14.6°,侧压力系数0.5,最大弯矩为819 kN·m和-627 kN·m(内侧受拉为正)。由内部结构荷载引起的管片附加弯矩约增大16%～34.7%,在管片配筋时应予考虑。

从表2.2可以看出,内部结构内力大小:固接≈铰接<链杆连接<无连接。即管片给予上层车道板的转动约束对上层车道框架结构的内力分配影响不大。而管片给予上层车道板的竖向约束对上层车道框架结构的内力分配影响很大。但是必须明确的是,固接、铰接时,此节点竖向反力为206.44 kN/m,如图2.17所示,需要大量植筋来保证,对管片损伤巨大。同时,链杆连接与无连接虽然内力大,但均在经济适用范围内,且对管片损伤小,结构形式更

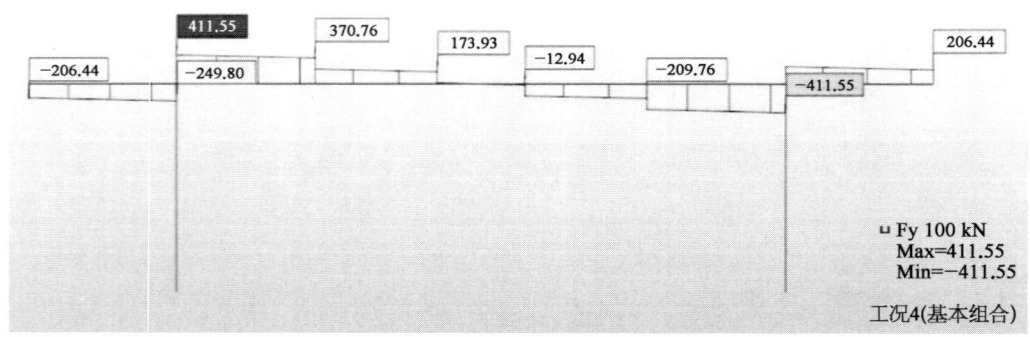

图2.17 固接和铰接时上层车道板剪力图(单位:kN)

为合理。此外,链杆连接与无连接内力仅相差 4.4% 左右,可以近似认为无差别。考虑到相对于无连接,链杆连接多一道抗震防线,链杆连接结构体系更为合理。

通过有限元数值模拟对 4 种连接形式进行动静力分析与比选,表明 4 种连接形式的抗震性能差异较小。链杆连接形式较无连接形式内力小,同时满足强度与变形要求;并且相较于固接与铰接形式,传力路径清晰,构造简单,避免大量的植筋与构造钢筋,连接质量可靠,对管片损伤小。因此,在后续示范工程及进一步研究中实际采用内部结构与圆隧道之间链杆连接的受力体系,即在梁板柱后浇接头处设置一道系梁。系梁与管片以构造植筋连接,对内部结构的约束作用较小,类似一道链杆。

上层车道结构常用的结构有:① 法国 A86 公路隧道、上海复兴路隧道的"牛腿+简支板"体系;② 美国 SR99 隧道、上海北横通道的"板-墙"体系;③ 上海军工路隧道、上海外滩通道、上海上中路隧道、南京纬三路隧道的"板-梁-柱"体系。"牛腿+简支板"体系预制化程度很高。但是,此体系中,预制牛腿限制了管片制造、装配施工的灵活性。管片只能通缝装配,并且上层车道的整体性较差,抗震不利。同时,支座更换、监测困难,后期运营、养护成本高。基本不再采用。"板-墙"结构体系墙的刚度远大于柱,但是其每延米化钢筋数量也远多于立柱。其连接接头施工烦琐度也随之远大于立柱。同时,墙纵向也需要连接,增加了盾构隧道内的施工工序,不适用于盾构隧道半封闭空间里面。"板-梁-柱"结构体系受力特点明确,常拆分为板、梁、柱构件。构件尺寸小、重量轻、对安装设备要求低,适合盾构隧道内部空间狭小,大型、重型设备无法进入内部施工的边界条件。因此,本书将基于"梁-板-柱"方案进行相关研究。

CHAPTER 3

第 3 章

预制装配整体式内部结构拆分设计

结构拆分设计是设计的关键环节,应根据建筑功能、结构安全、施工工艺、吊装安装运输水平及连接形式等诸多因素,采取合理的拆分方式。如果从安装效率和结构整体性考虑,预制构件尺寸越大越好,但必须考虑施工吊装及运输能力等需求,限制预制构件的尺寸。对于盾构隧道来讲,盾构管片所围成的狭小施工空间直接制约着吊装、运输能力,导致预制构件尺寸及重量不宜过大,且应充分考虑采用高强材料及空心结构以降低每延米重量。

3.1 拆分方案一

"板-梁-柱"结构的拆分位置除宜在构件受力最小的地方和依据接头连接方式(套筒、后浇带等)、结构弹塑性分析结果(塑性铰位置)来确定外,还应考虑生产能力、道路运输、吊装能力及施工方便等条件。

3.1.1 拆分设计

盾构隧道为纵向柔性结构,存在错台、轴线偏差等现象,与预制化高精度施工要求相悖。特别是上海软土地区,土层敏感性强、易扰动、固结沉降慢,部分盾构隧道变形收敛达数年之久。为了有效减少上述矛盾,在盾构沉降变形基本稳定后,实施现浇基座用于修正误差。最后通过找平层修正装配误差及剩余盾构变形误差。因此,盾构隧道内少量的现浇结构是十分必要的。

拆分方案一的特征在于下层车道采用 π 形预制构件形成临时施工通道,其上设置找平层用于消除管片装配及 π 形预制构件装配误差。在 π 形预制构件的两侧浇筑现浇基座,用于消除管片装配误差对上层车道预制装配结构的影响。上层车道结构拆分为板、梁、柱构件。立柱与基座连接可以采用后浇接头、隼式接头、灌浆套筒和注浆波纹管等接头。"梁-柱"和"板-梁"接头采用后浇接头,如图 3.1 所示。

3.1.2 预制构件设计

1) π 形预制构件

π 形预制构件的设计、建造技术已经十分成熟。π 形预制构件被广泛应用于公路盾构隧道内部结构,作为同步施工阶段的临时便道和使用阶段的下层车道结构,如图 3.2 所示。

π 形预制构件装配一般滞后管片装配一定距离,与盾构推进同步进行,用作管片运输的临时通道。通常在 π 形预制构件两侧架设防护栏,因此 π 形预制构件宽度应大于管片运输车辆宽度,并留有一定安全距离。由于隧道内部空间狭小,在内部结构施工过程中,还须满足盾构机配套设备安装的要求。因此,π 形预制构件不宜过宽,以免影响盾构泥水循环管路、渣土运输道等配套设施。通常,π 形预制构件宽度应控制在 4 m 左右,如图 3.3 所示。其高度 h 应根据车道净空需求确定。

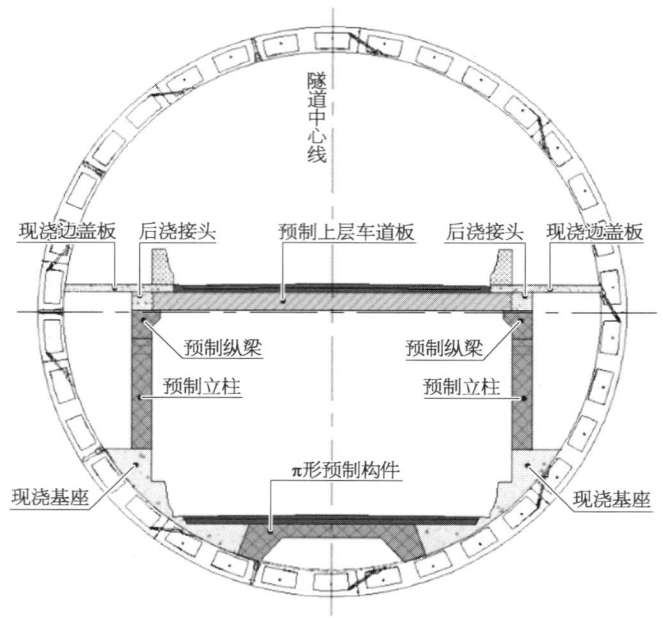

图 3.1 预制拆分方案一

(a) 施工阶段（临时便道）

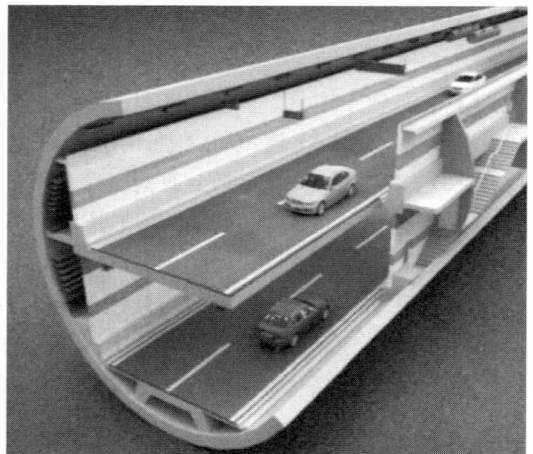

(b) 使用阶段（下层车道结构）

图 3.2 π形预制构件（一）

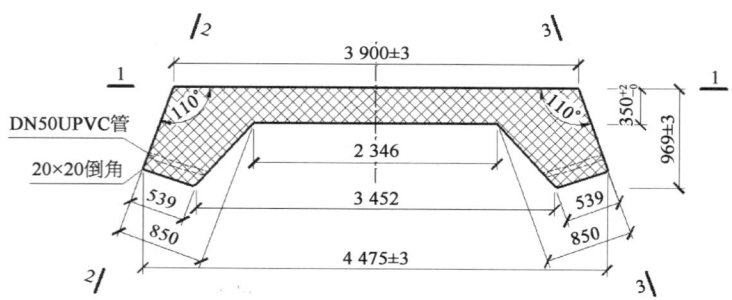

图 3.3 π形预制构件（二）

π形预制构件纵向连接可以选择螺栓连接、铰缝连接和直缝连接,如图3.4所示。

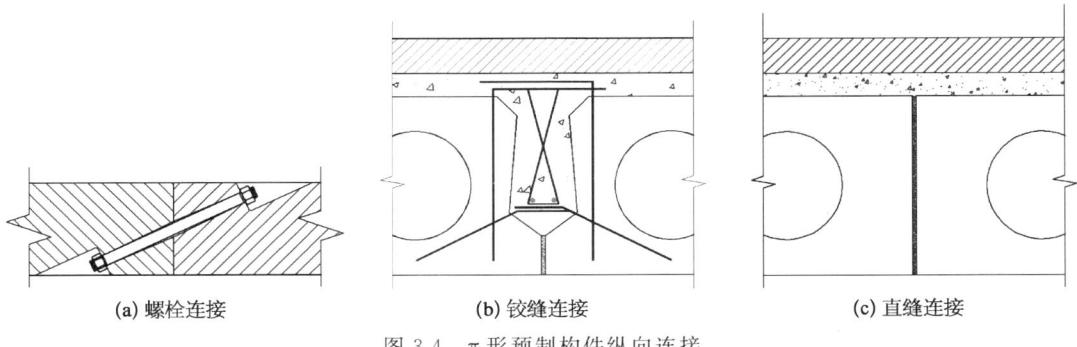

图3.4　π形预制构件纵向连接

螺栓连接：构造复杂、造价高、实施精度要求高,在π形预制构件中运用较少,在口字形预制构件中运用较多。

铰缝连接：构造相对简单、实施精度要求低,被广泛应用于π形预制构件中。可与找平层一道实施,施工方便快捷。但是其预留钢筋容易外露,扎破运输车辆轮胎。所以,在制作过程中应严格控制保护层厚度,或采用图3.5所示的门字形预留钢筋。

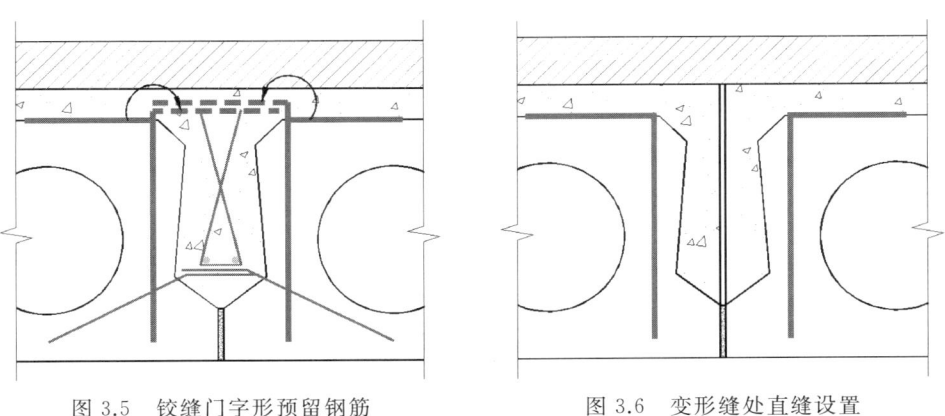

图3.5　铰缝门字形预留钢筋　　　　图3.6　变形缝处直缝设置

直缝连接：通常应用于变形缝处。为了减少π形预制构件模板种类,可采取如图3.6所示的方法设置直缝,即铰缝钢筋N、M不扳出、钢筋L不设置、中间垫橡胶板、浇筑素混凝土。

π形预制构件简支于管片上,受力清晰明确,钢筋简洁,模板设计较为容易。常采用立浇制作,脱模吊点与装配吊点可以采用统一吊点。

2）预制立柱

根据前述力学特点及以往经验,预制立柱拆分如图3.7所示。拆分位置位于柱底与纵梁底。柱底通过灌浆套筒与现浇基座连接。柱顶通过后浇接头与纵梁连接。除考虑上述因素外,还应考虑盾构隧道内轮廓对预制立柱吊装的限制。

盾构隧道内轮廓对预制立柱吊装的限制如图3.8所示。由于预制立柱位于圆隧道两侧,实际可用吊装高度H_0远小于盾构隧道内径d。实际可用吊装高度H_0由吊装设备与管片碰撞所产生的不可利用高度H_1、吊具高度H_2、预制立柱高度H_3、连接接头需求高度H_4

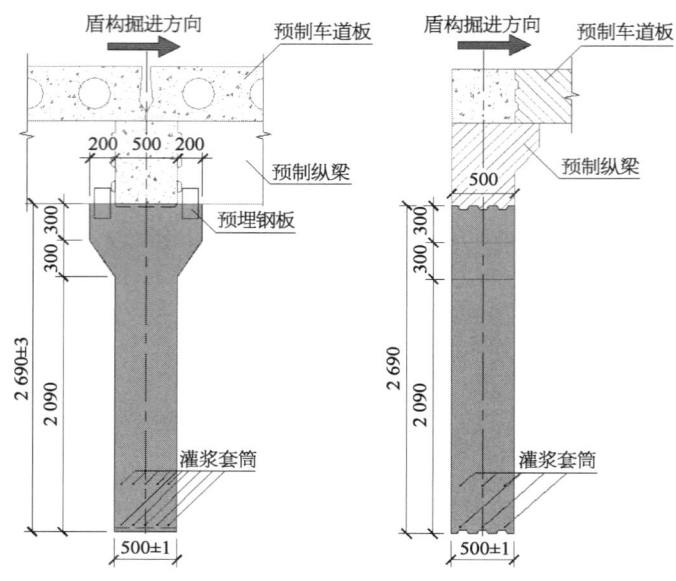

图 3.7 预制立柱

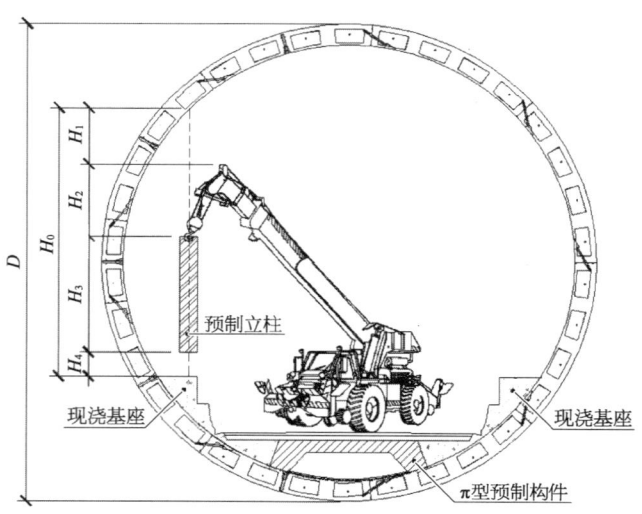

图 3.8 盾构隧道内轮廓对预制立柱吊装的限制

图 3.9 立柱装配机械手

组成。预制立柱高度 H_3 应不大于 $H_0 - H_1 - H_2 - H_4 - \delta$。$\delta$ 为施工容差,与操作人员熟练程度有关,设计时可取 30~50 cm。高度 H_1、吊具高度 H_2 根据安装设备确定。诸光路通道示范工程自主设计装配机械手如图 3.9 所示。高度 H_1 约 1 m,吊具高度 H_2 约 0.8 m。诸光路通道示范工程立柱底采用灌浆套筒连接,连接接头需求高度 $H_4 =$ 预留插筋高度(10d)。

预制立柱截面尺寸为 500 mm × 500 mm,高

2.69 m,如图 3.10 所示。柱底和柱顶新旧混凝土接触面设置键槽和粗糙面。柱顶两侧设置牛腿,用于在预制纵梁装配阶段形成临时支撑。立柱顶一侧预留钢板,与纵梁底焊牢,防撞纵梁侧翻。

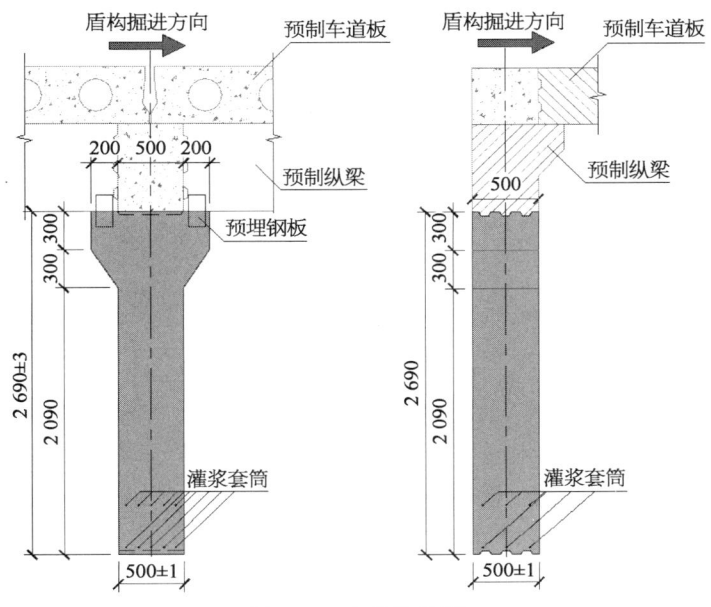

图 3.10 立柱构造图

柱底预留钢筋套筒,柱顶预留钢筋接驳器。其中,1 号灌浆套筒、2 号灌浆套筒与 A 号接驳器、B 号接驳器兼作卧浇预制立柱脱模吊点;C 号接驳器、D 号接驳器、E 号接驳器、F 号接驳器兼作装配吊点和立浇预制立柱脱模吊点,如图 3.11 所示。

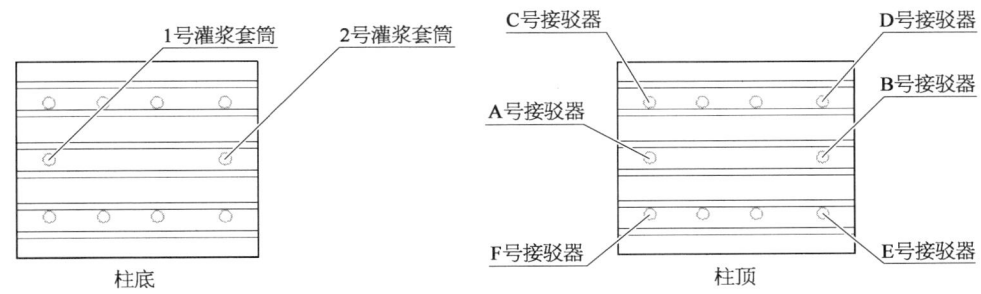

图 3.11 预制立柱吊点设计示意图

3) 预制纵梁

预制纵梁拆分位置位于梁端,即纵梁按照柱距的 1 个跨度为单位预制,如图 3.12 所示。预制纵梁与预制立柱通过后浇混凝土连接,纵梁主筋经过焊接、机械连接或者钢筋套筒连接。板-梁接头采用后浇混凝土实施,故纵梁设计为叠合梁。

预制纵梁一侧设置牛腿,用于预制车道板装配时的临时支撑,其横断面如图 3.13 所示。预制纵梁梁高确定时,也应考虑盾构隧道内轮廓对预制纵梁吊装的限制,如图 3.14 所示。实际可用吊装高度 H_0 由吊装设备与管片碰撞所产生的不可利用高度 H_1、吊具高度 H_2、预

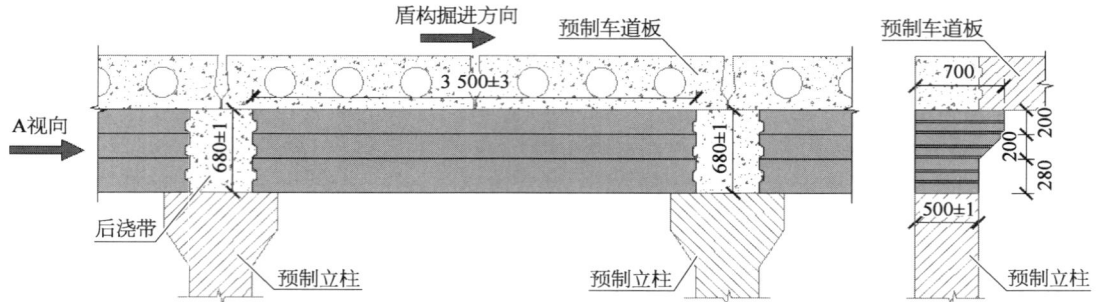

图 3.12 预制纵梁拆分示意图

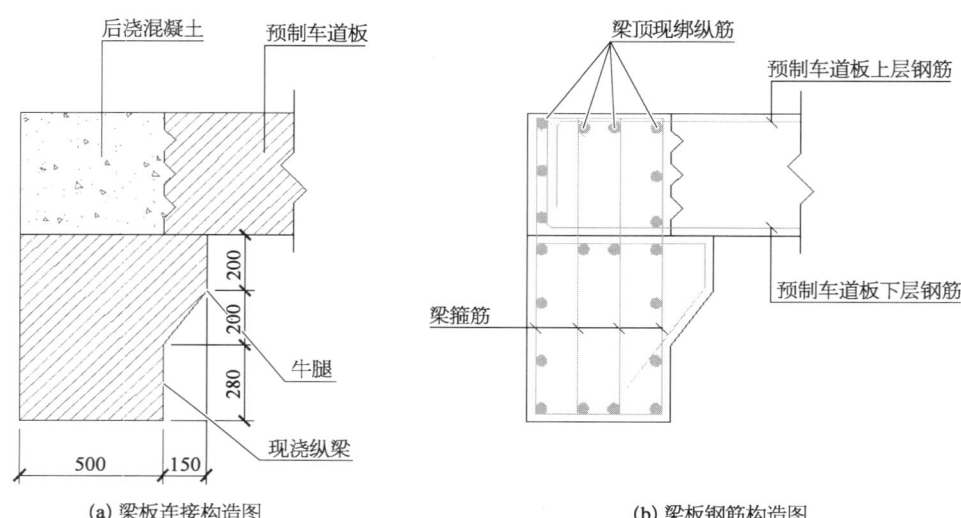

(a) 梁板连接构造图　　　　　　　　(b) 梁板钢筋构造图

图 3.13 预制纵梁横断面

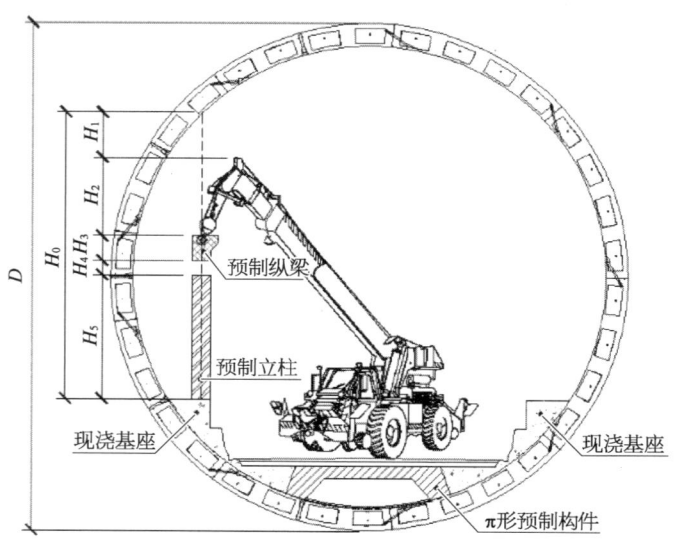

图 3.14 盾构隧道内轮廓对预制纵梁吊装的限制

制纵梁高度 H_3、预制立柱高度 H_4 组成。预制纵梁高度 H_3 应不大于 $H_0-H_1-H_2-H_4-H_5-\delta$。$\delta$ 为施工容差，与操作人员熟练程度有关，设计时可取 30～50 cm。高度 H_1、吊具高度 H_2 根据安装设备确定，诸光路通道示范工程自主设计装配机械手如图 3.9 所示。高度 H_1 约 1 m，吊具高度 H_2 约 0.8 m。H_4 为梁-柱接头实施需求高度。H_5 为梁-柱接头实施需求高度。

4) 预制车道板

预制车道板拆分位置位于板端，装配阶段简支于纵梁牛腿上，使用阶段通过纵梁叠合层与纵梁牢靠连接，如图 3.15 所示。

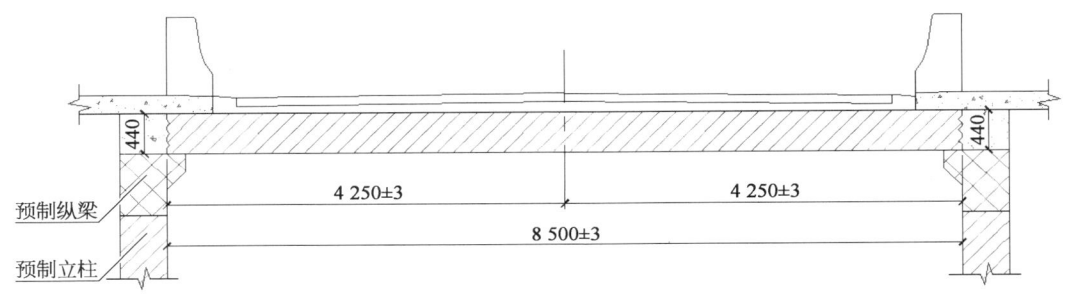

图 3.15 预制车道板

盾构隧道内的空间狭小，吊装设备吊装能力有限，为了有效降低预制车道板重量，可设计为空心板结构，如图 3.16 所示。

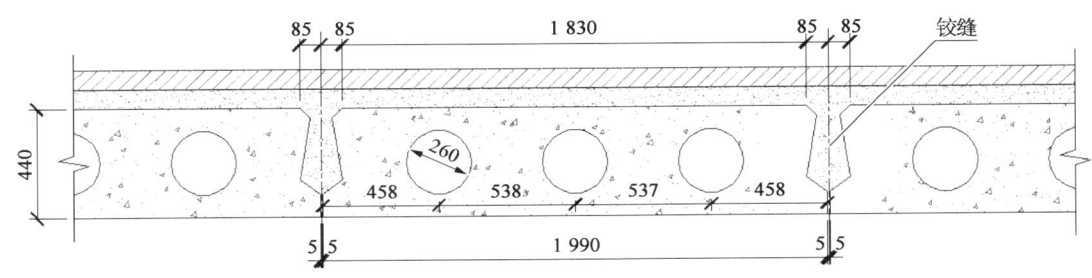

图 3.16 预制横剖面

预制车道板纵向连接与 π 形构件类似，可以选择螺栓连接、铰缝连接和直缝连接。

3.1.3 施工工序

拆分方案一所提供的预制方法施工工序(图 3.17)如下：

步骤一：形成圆隧道的施工步骤。

步骤二：将预制下层车道构件吊装在圆隧道底部，在所述预制下层车道构件的两侧浇筑混凝土，使预制下层车道构件固定设置在圆隧道底部，形成下层车道框架结构体系。

步骤三：在圆隧道两侧且位于预制下层车道构件上方浇筑上层车道框架结构体系的基座。

步骤四：垂直于基座装配预制牛腿立柱。

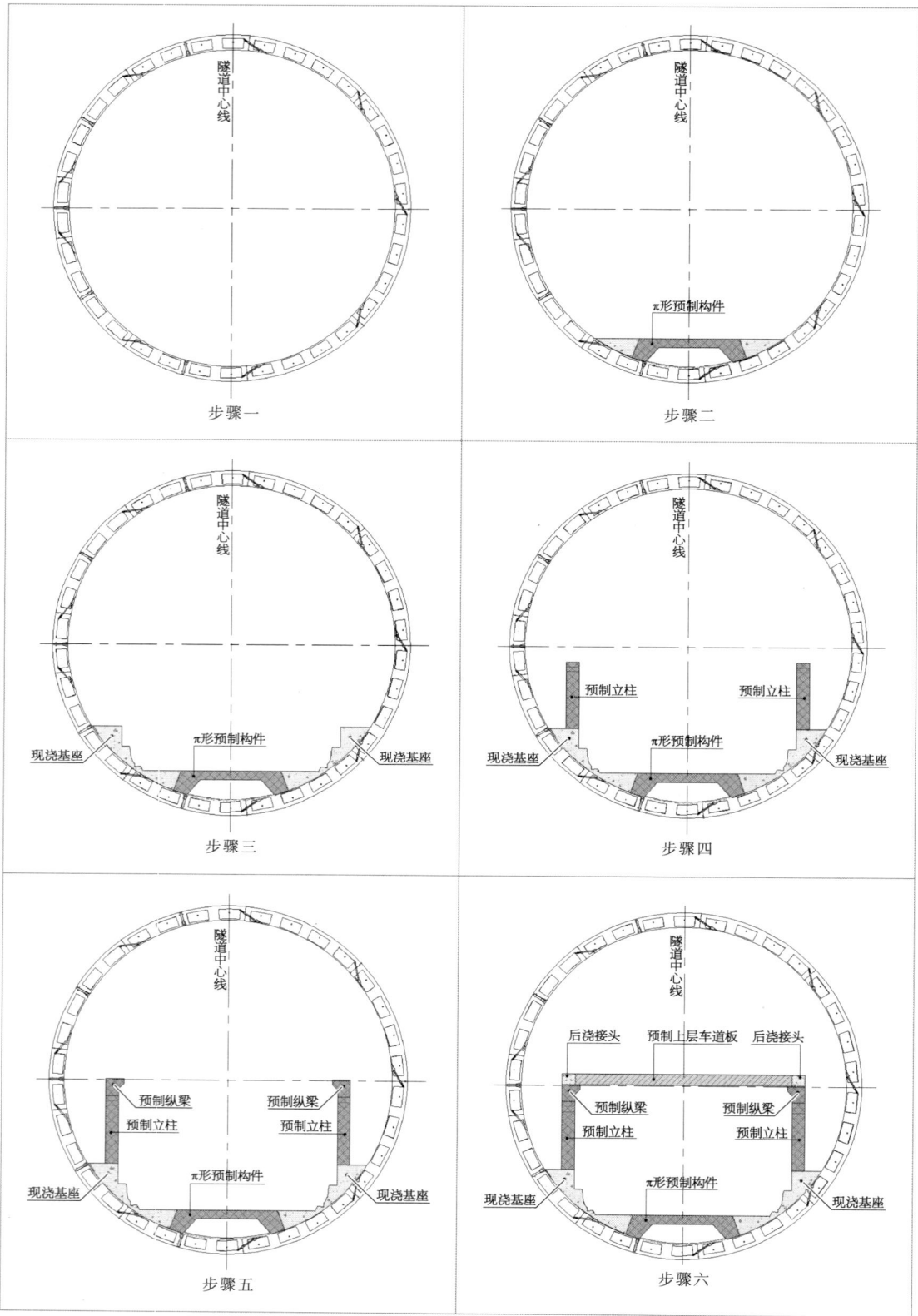

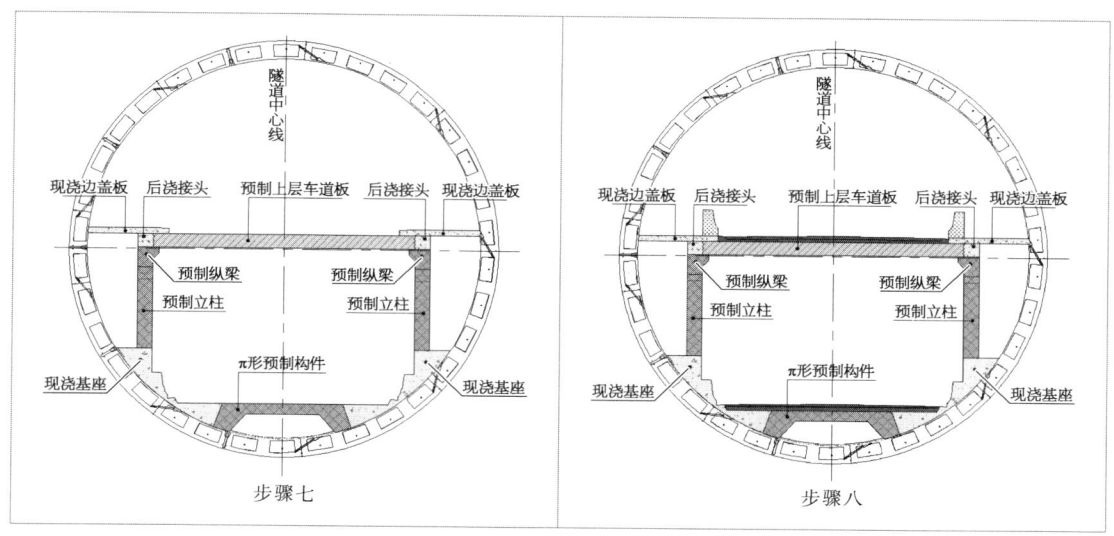

图 3.17 拆分方案一施工工序

步骤五:在预制牛腿立柱上装配预制牛腿纵梁,使预制牛腿纵梁与预制牛腿立柱相互搭接。

步骤六:将预制上层车道板吊装在两侧的预制牛腿纵梁上,浇筑好后浇接头,拼接形成上层车道框架结构体系。

步骤七:在预制上层车道板左右两侧浇筑边盖板。

步骤八:依次实施找平层、沥青层和防撞侧石。

拆分方案一根据受力构件拆分结构体系,即预制梁、板、柱、π形构件,然后通过干、湿接头连接预制构件,最终形成预制装配整体式框架结构。同时,为了解决施工装配期间预制构件临时支撑及定位的问题,在预制立柱与预制纵梁上设置牛腿,相互搭接,形成临时静定体系,从而取消施工期间的临时支撑结构。

3.2 拆分方案二

影响预制装配施工效率的关键工序是连接接头的实施,因此应选择施工简单、安装迅速的连接方式。此外,后浇接头混凝土灌注施工时,易产生水化热、粉尘等。为了解决上述问题,在拆分方案一的基础上,调整"梁-板"后浇接头为简支支座,减少现场浇筑作业,提高装配效率。

3.2.1 拆分设计

拆分方案二的特征在于下层车道采用π形预制构件形成临时施工通道,其上设置找平层用于消除管片拼装及π形预制构件装配误差。在π形预制构件两侧浇筑现浇基座,用于消除管片拼装误差对上层车道预制装配结构的影响。上层车道结构拆分为板、梁、柱构件。

立柱与基座连接可以采用后浇接头、隼式接头、灌浆套筒和注浆波纹管等接头。"梁-柱"接头采用后浇接头。"板-梁"接头采用简支支座,拆分方案如图3.18所示。

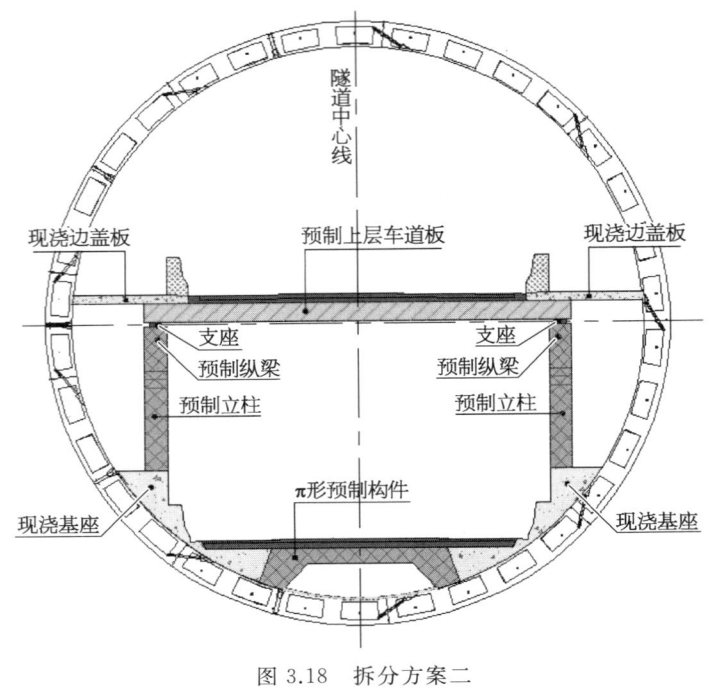

图3.18 拆分方案二

3.2.2 预制构件设计

1) π形预制构件、预制立柱、预制车道板

π形预制构件、预制立柱与拆分方案一相同,预制车道板与拆分方案一类似,这里不再赘述。

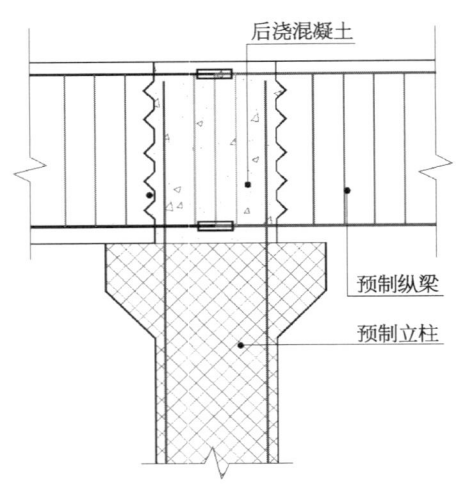

图3.19 预制纵梁拆分示意图

2) 预制纵梁

预制纵梁拆分位置位于梁端,即纵梁按照柱距的1个跨度为单位预制,如图3.19所示。预制纵梁与预制立柱通过后浇混凝土连接,纵梁主筋经过焊接、机械连接或者钢筋套筒连接。板-梁接头采用简支支座实施,故预制纵梁不能设计为叠合构件,梁高较拆分方案一高。

3) 支座设计

支座设计借鉴桥梁工程经验,可采用板式橡胶支座、盆式橡胶支座、球型橡胶支座等。其中,板式橡胶支座最简单、快捷。但是盾构隧道上层车道板受力方向垂直于常规桥梁结构,并且受盾构隧道吊装空间限制,板宽通常为2～4 m。所以纵向2～4 m

就需要设置一处板式橡胶支座。由于橡胶支座耐久性远小于混凝土结构,运营期支座的养护、监测和更换将十分烦琐。纬三路工程曾尝试改进盆式橡胶支座,取消橡胶部件,提高耐久性。同时为了降低造价,在钢支座内灌注混凝土浆,如图3.20所示。但因支座构造复杂、施工不方便、经济性差,而没有采用。

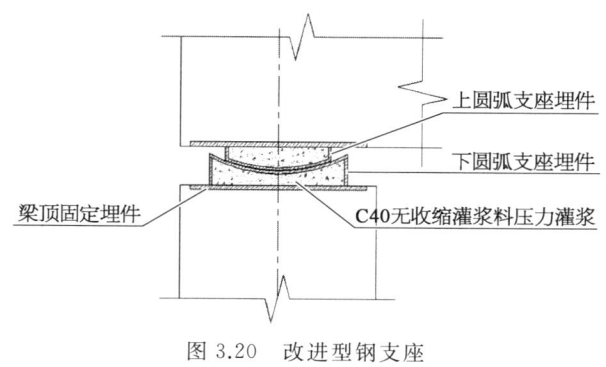

图3.20 改进型钢支座

3.2.3 施工工序

拆分方案二所提供的预制方法施工工序(图3.21)如下:

步骤一:形成圆隧道的施工步骤。

步骤二:将预制下层车道构件吊装在圆隧道底部,在所述预制下层车道构件两侧浇筑混凝土,使预制下层车道构件固定设置在圆隧道底部,形成下层车道框架结构体系。

步骤三:在圆隧道两侧且位于预制下层车道构件上方浇筑上层车道框架结构体系的基座。

步骤四:垂直于基座装配预制牛腿立柱。

步骤五:在预制牛腿立柱上装配预制牛腿纵梁,使预制牛腿纵梁与预制牛腿立柱相互搭接,并在纵梁上放置好支座。

步骤六:将预制上层车道板吊装在两侧的预制牛腿纵梁的支座上,拼接形成上层车道框架结构体系。

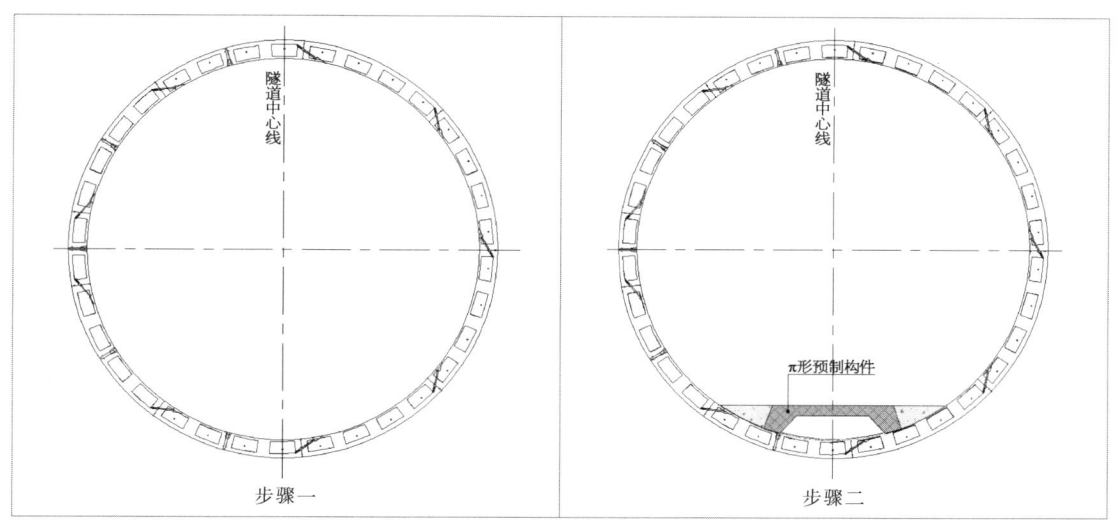

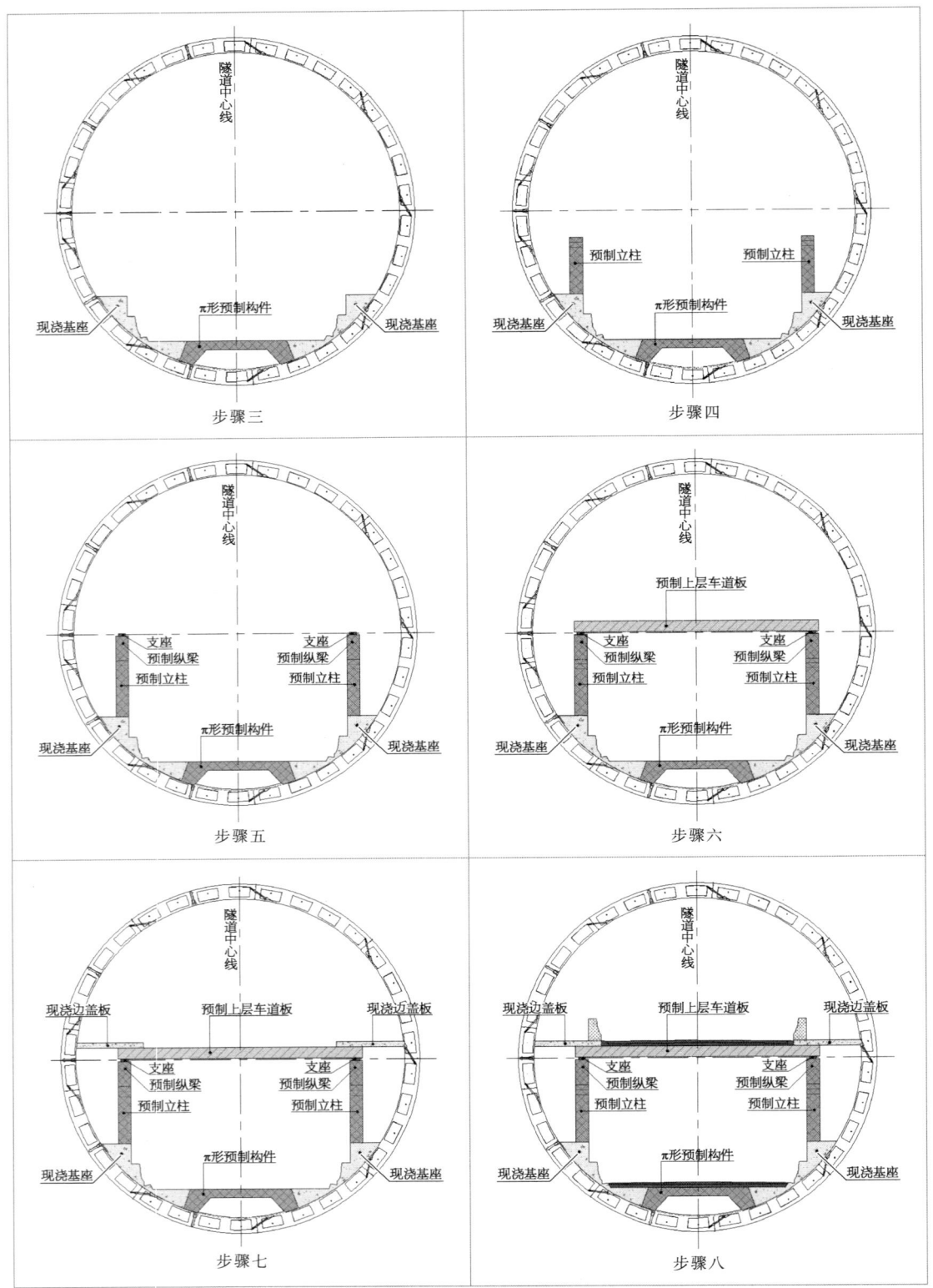

图 3.21 拆分方案二施工工序

步骤七：在预制上层车道板左右两侧浇筑边盖板。
步骤八：依次实施找平层、沥青层和防撞侧石。

盾构隧道内部结构上层车道结构主受力方向垂直于行车方向，与桥梁工程不同，车道板宽度受限于盾构隧道内径，板宽通常在2～4 m。所以纵向2～4 m就需要设置一处板式橡胶支座。由于橡胶支座耐久性远小于混凝土结构，运营期支座的养护、监测和更换将十分烦琐。因此，盾构隧道内部车道结构不宜采用简支结构。

3.3 拆分方案三

影响预制装配施工效率的关键工序是连接接头的实施，因此应选择施工简单、安装迅速的连接方式。此外，后浇接头混凝土灌注施工时，易产生水化热、粉尘等。为了解决上述问题，在拆分方案一的基础上，合并部分预制构件，减少现场浇筑作业，提高装配效率。

3.3.1 拆分设计

拆分方案三的特征在于下层车道采用π形预制构件形成临时施工通道，其上设置找平层用于消除管片装配及π形预制构件装配误差。在π形预制构件两侧浇筑现浇基座，用于消除管片装配误差对上层车道预制装配结构的影响。上层车道结构拆分为板、预制T形柱梁构件。立柱与基座连接可以采用后浇接头、隼式接头、灌浆套筒和注浆波纹管等接头。预制T形柱间接头采用后浇接头。板和预制T形柱接头采用后浇接头。拆分方案如图3.22所示。

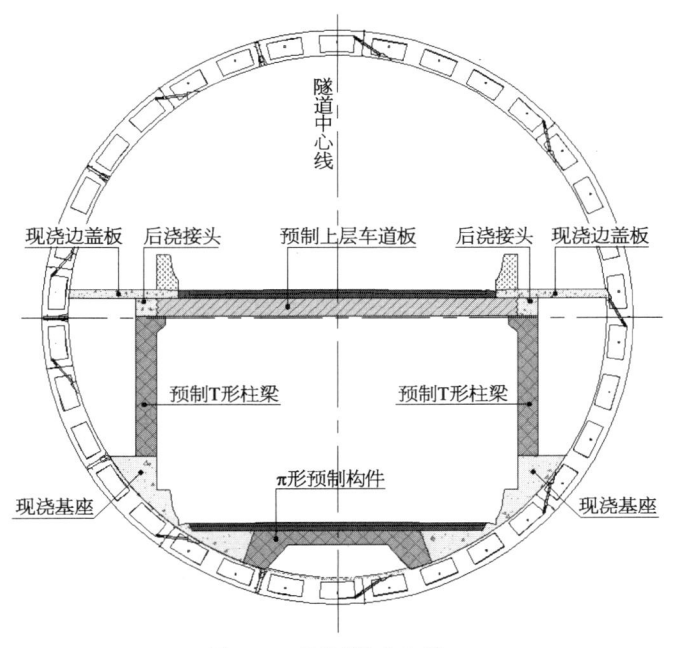

图3.22 预制拆分方案三

3.3.2 预制构件设计

1) π形预制构件、预制车道板

π形预制构件、预制车道板与拆分方案一相同,这里不再赘述。

2) 预制 T 形柱梁

合并预制立柱和预制纵梁,形成预制 T 形柱梁。预制立柱拆分位置位于柱底。预制纵梁拆分位置位于梁跨中,即纵梁按照柱距的 1 个跨度为单位预制,如图 3.23 所示。预制纵梁跨中接点通过后浇混凝土连接,纵梁主筋经过焊接、机械连接或者钢筋套筒连接。此外,预制纵梁跨中接点仅约束竖向位移,则此结构使用阶段类似于 T 形刚架桥梁体系。不同于桥梁工程,由于车道板挠曲变形,预制 T 形柱梁体系中纵梁承受较大的扭矩。在设计时应着重考虑。

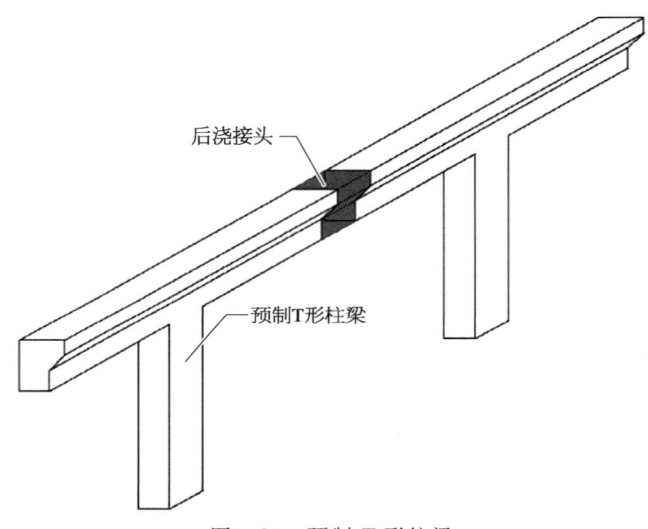

图 3.23 预制 T 形柱梁

预制 T 形柱梁体系受力简单,接头构造容易。但是预制 T 形柱梁存在存放、运输、翻倒困难。同时应该注意到,柱底装配误差会放大反映在纵梁顶部及跨中接头。为了满足预制车道板及梁跨中接点的装配需求,必须提高立柱装配精度,而且在不能使用大型机械的盾构隧道内难以实现。

3.3.3 施工工序

拆分方案三所提供的预制方法施工工序(图 3.24)如下:

步骤一:形成圆隧道的施工步骤。

步骤二:将预制下层车道构件吊装在圆隧道底部,在所述预制下层车道构件两侧浇筑混凝土,使预制下层车道构件固定设置在圆隧道底部,形成下层车道框架结构体系。

步骤三:在圆隧道两侧且位于预制下层车道构件上方浇筑上层车道框架结构体系的基座。

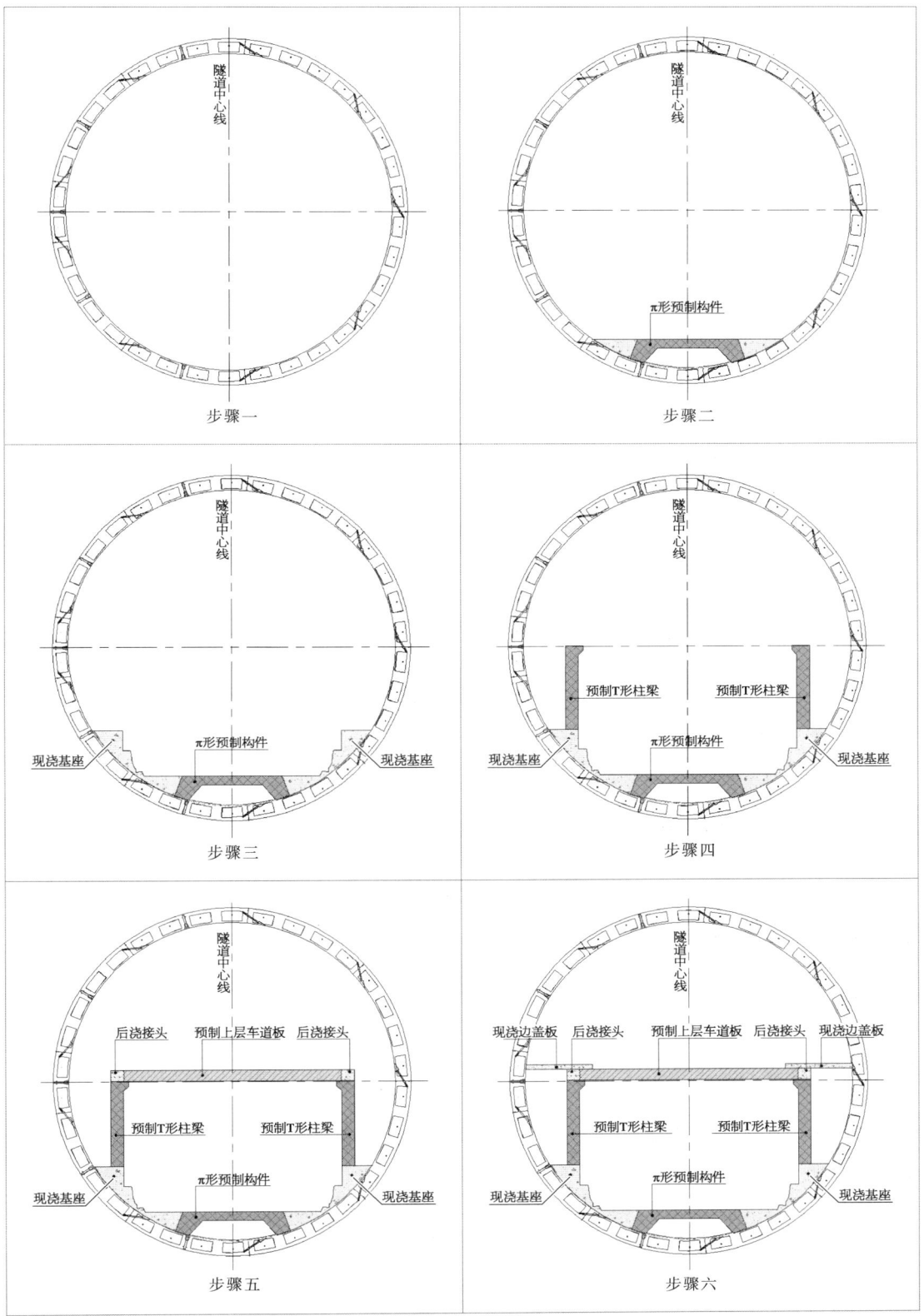

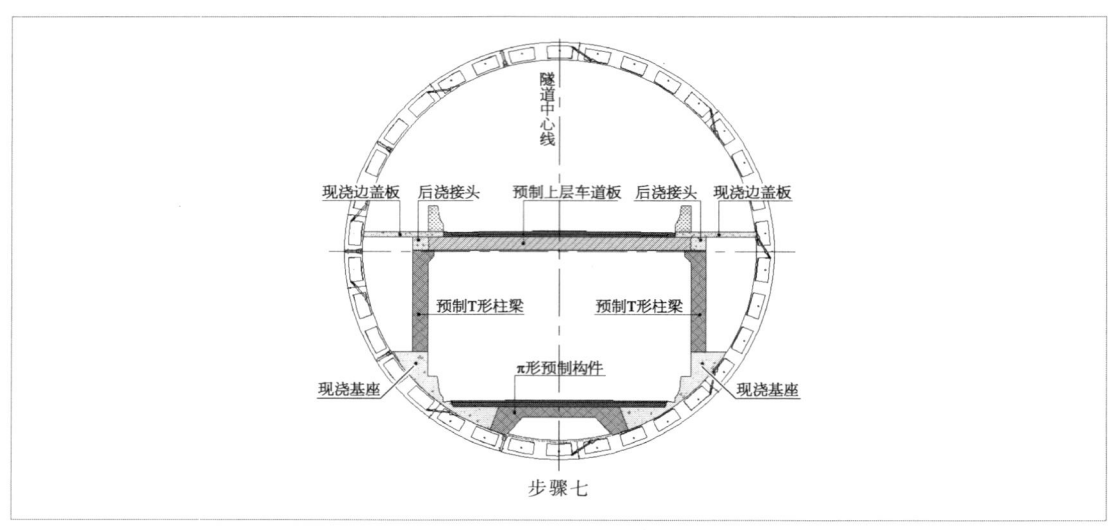

图 3.24 拆分方案三施工工序

步骤四：垂直于基座装配预制 T 形立柱。

步骤五：将预制上层车道板吊装在两侧的预制 T 形立柱上，浇筑好后浇接头，拼接形成上层车道框架结构体系。

步骤六：在预制上层车道板左右两侧浇筑边盖板。

步骤七：依次实施找平层、沥青层和防撞侧石。

此方案预制 T 形柱梁存在存放、运输困难。同时预制立柱装配误差会集中反映在跨中后浇接头。为了提高跨中后浇接头钢筋连接精度，对预制立柱装配要求极高，而且在不能使用大型机械的盾构隧道内难以实现。

3.4 拆分方案四

影响预制装配施工效率的关键工序是连接接头的实施，因此应选择施工简单、安装迅速的连接方式。此外，后浇接头混凝土灌注施工时，易产生水化热、粉尘等。为了解决上述问题，在拆分方案一的基础上，合并部分预制构件，减少现场浇筑作业，提高装配效率。

3.4.1 拆分设计

拆分方案三的特征在于下层车道采用 π 形预制构件形成临时施工通道，其上设置找平层用于消除管片拼装及 π 形预制构件装配误差。在 π 形预制构件两侧浇筑现浇基座，用于消除管片拼装误差对上层车道预制装配结构的影响。上层车道结构拆分为预制立柱和 n 形预制车道板。立柱与基座连接可以采用后浇接头、隼式接头、灌浆套筒和注浆波纹管等接头。n 形预制车道板与立柱可采用后浇接头。对比拆分方案一，拆分方案四将预制纵梁与预制车道板合并。拆分方案如图 3.25 所示。

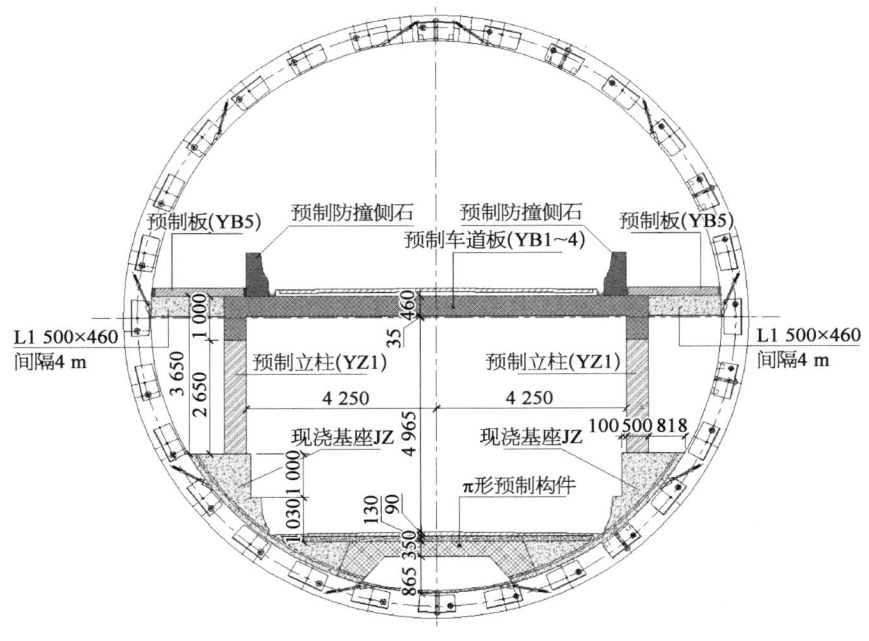

图 3.25 预制拆分方案四

3.4.2 预制构件设计

1) π 形预制构件、预制立柱

π 形预制构件、预制立柱与拆分方案一相同,这里不再赘述。

2) 预制车道板

如图 3.26 所示,预制纵梁拆分位置位于梁端,即纵梁按照柱距的 1 个跨度为单位预制。

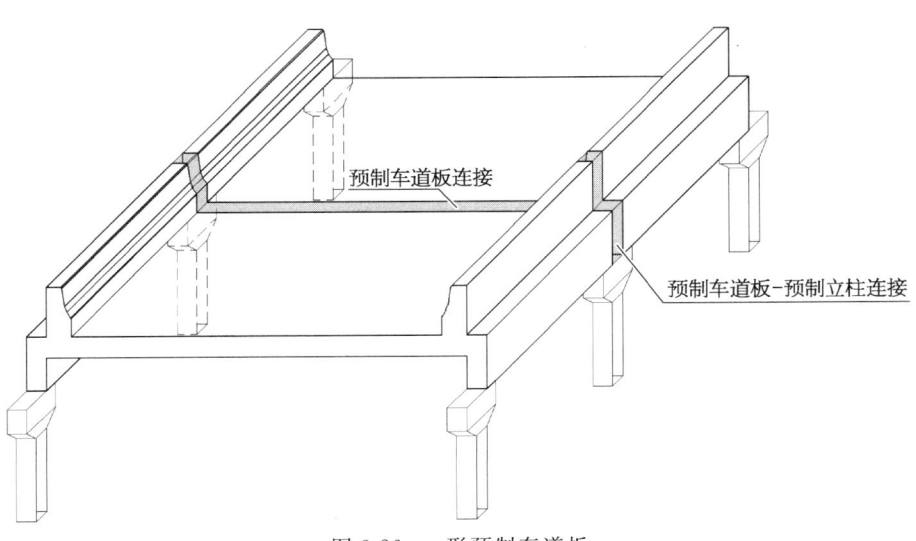

图 3.26 n 形预制车道板

预制车道板与预制纵梁合二为一,形成n形预制车道板。施工阶段,n形预制车道板四点简支于预制立柱上,此时预制立柱偏心受力。使用阶段,n形预制车道板横向板缝设置为铰缝或刚接缝;n形预制车道板纵梁接缝设置为后浇刚接头。

3.4.3 施工工序

拆分方案四所提供的预制方法施工工序(图 3.27)如下:

步骤一:形成圆隧道的施工步骤。

步骤二:将预制下层车道构件吊装在圆隧道底部,在所述预制下层车道构件两侧浇筑混凝土,使预制下层车道构件固定设置在圆隧道底部,形成下层车道框架结构体系。

步骤三:在圆隧道的两侧且位于预制下层车道构件的上方浇筑上层车道框架结构体系的基座。

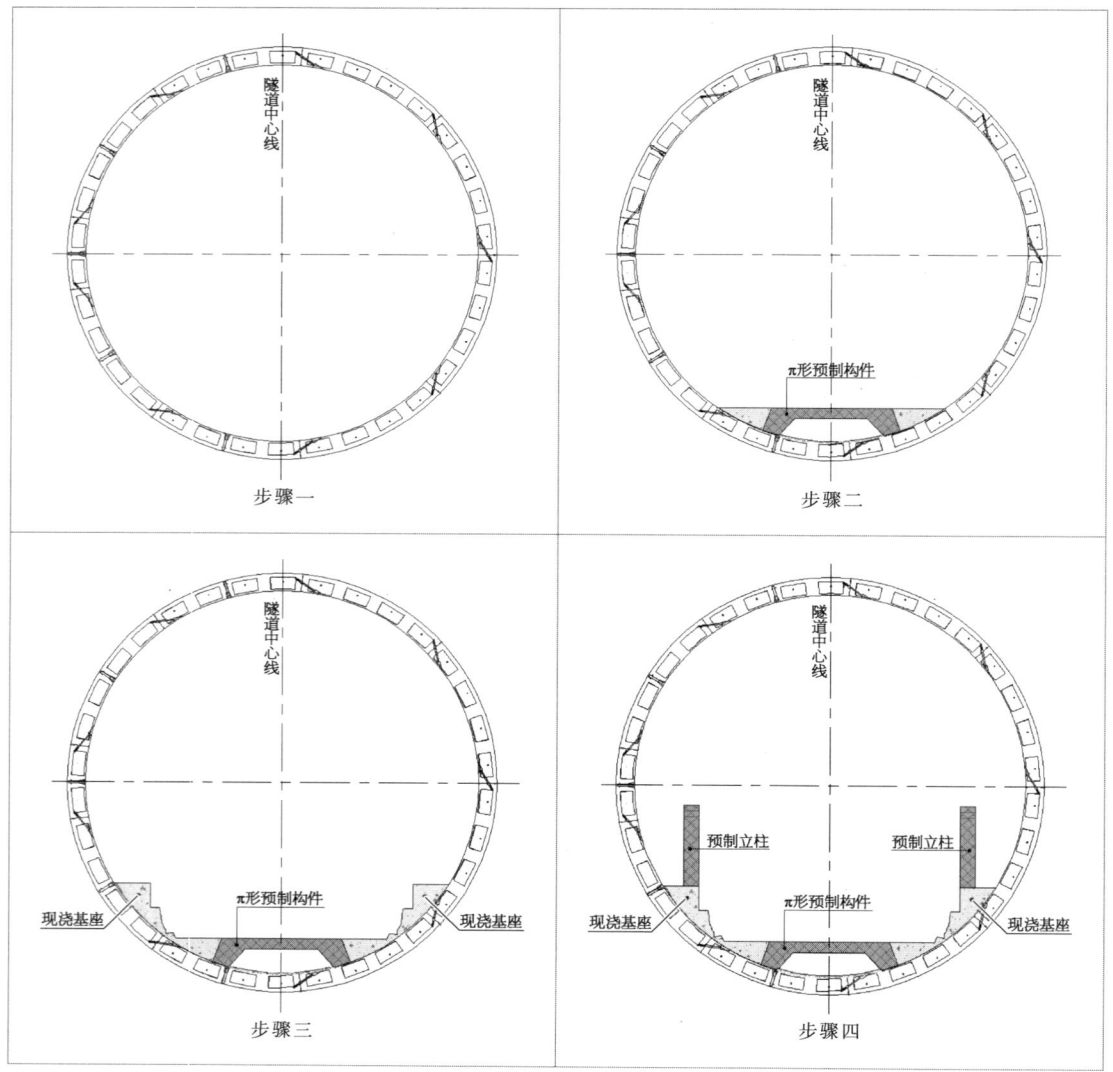

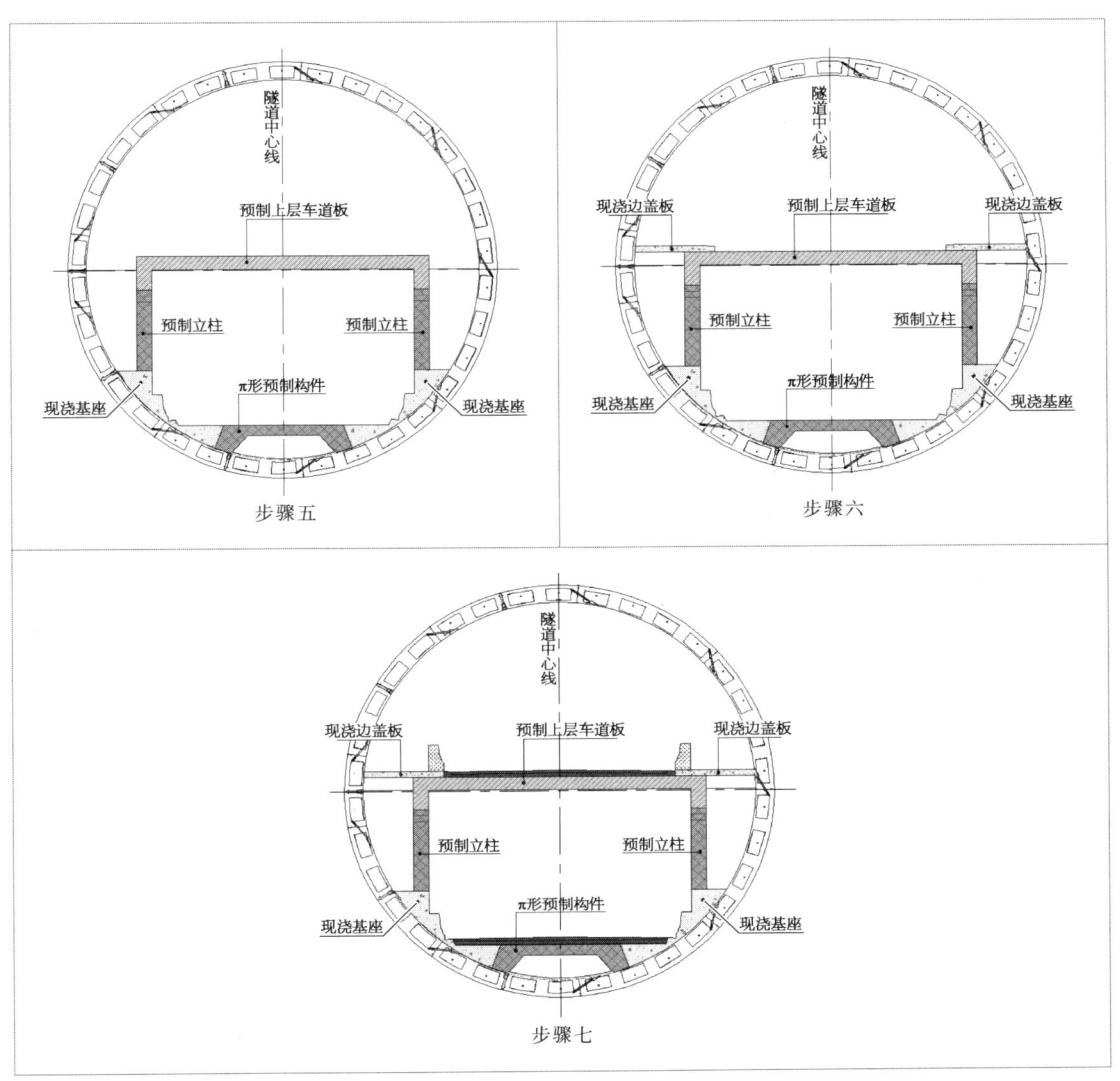

图 3.27 拆分方案四施工工序

步骤四：垂直于基座装配预制牛腿立柱。

步骤五：将 п 形预制上层车道板吊装在两侧的预制立柱上，拼接形成上层车道框架结构体系。

步骤六：在预制上层车道板左右两侧浇筑边盖板。

步骤七：依次实施找平层、沥青层和防撞侧石。

拆分方案四较拆分方案一，减少一道"板-梁"后浇接头，施工更为方便、快捷。此外，п 形预制车道板运输、存放较容易，故推荐此方案。

CHAPTER 4

第 4 章

连接节点形式与力学性能

预制构件之间的连接节点是预制装配式结构关键环节，特别是内部结构与管片的连接、预制立柱与基座的连接、预制立柱与预制车道板的连接，以及预制车道板之间的连接，如图4.1所示。为此，拟研究内部结构与管片的连接、预制立柱与基座的连接、预制立柱与预制车道板的连接，以及预制车道板之间的连接处的节点形式、力学行为、构造措施，以保证双层盾构隧道车道预制装配结构体系整体的受力性能。

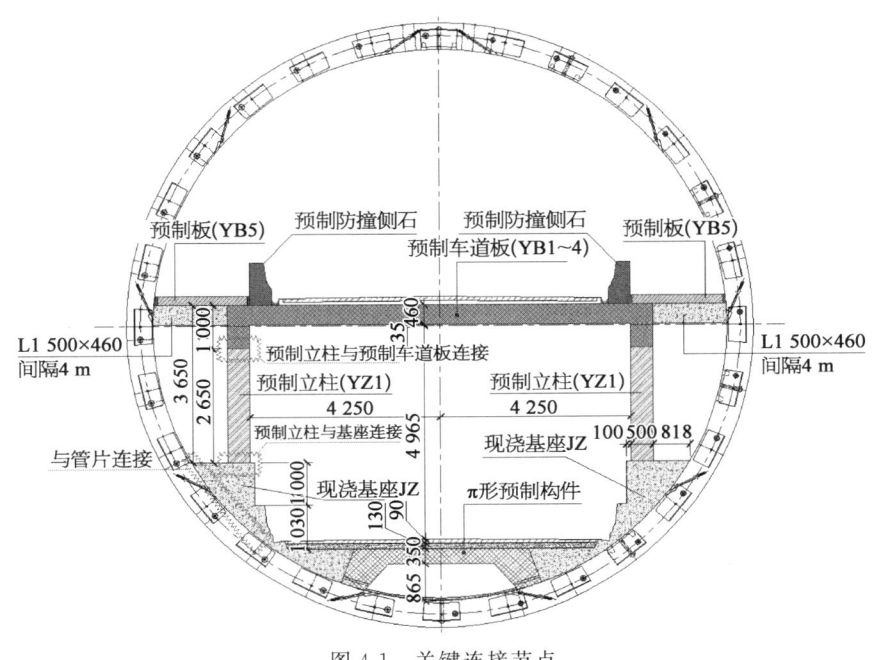

图 4.1 关键连接节点

4.1 关键节点的连接方式

4.1.1 基座与预制立柱的连接方式

1) 开口式连接

这种连接方式通常是从柱或桩等预制构件的端部受力钢筋伸出，然后将伸出的钢筋插入另一构件的预留开口中，最后在预留的开口内灌浆以保证连接的安全性，如图4.2所示。

这种连接方式现场作业量大，效率低，易产生环境污染。比如在盾构隧道半密闭空间里产

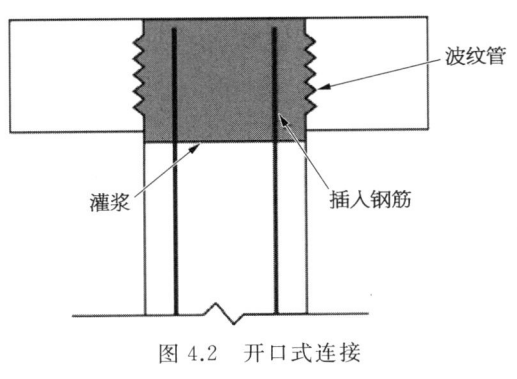

图 4.2 开口式连接

生大量水化热,热量将难以消散。

2) 杯口式接头

杯口式接头(构件嵌入式)如图4.3所示,特点是现浇基座做成"杯"状,预制立柱插入杯口,接缝用高强水泥砂浆压力灌浆或自重挤浆填实形成刚性连接。此接头连接形式具有构造简单、预制及吊装方便、无焊接等优点。在我国,装配式多层工业厂房和民用房屋的预制柱与扩展基础的连接多采用杯口式。

杯口式接头的主要问题在于,偏心力作用下,接缝处较易产生构造裂缝。另外,圆隧道内部高度有限,杯口高度过高,将导致吊装困难。

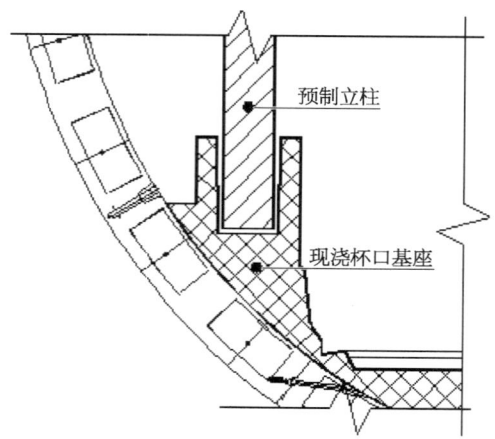

图4.3 柱与基座节点——杯口式接头

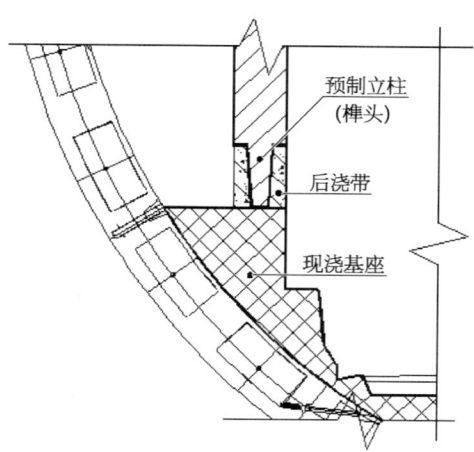

图4.4 承插式接头

3) 承插式接头

承插式接头如图4.4所示,特点是利用预制立柱下端的小榫头承受施工吊装阶段荷载,再通过焊接柱子钢筋和后浇混凝土形成刚性连接。这种连接的优点是节约接头用钢量,施工吊装较方便。在我国,承插式接头已广泛应用在装配式多层工业厂房和民用房屋中,积累了成熟的经验。

承插式接头的主要问题在于后浇带空间狭小,不易浇捣填实。此外,柱筋经焊接冷却后产生收缩,这种收缩受到榫头的阻止,而在钢筋内产生拉应力。因此,后浇混凝土带的浇捣工作显得格外重要。

4) 法兰式接头

法兰式接头如图4.5所示,特点是在预制立柱及现浇基座上预留法兰式钢板,通过法兰式钢板及地角螺栓形成刚性连接。此接头连接形式具有构造简单、预制及吊装方便、无焊接、安装迅速、成型快等优点。

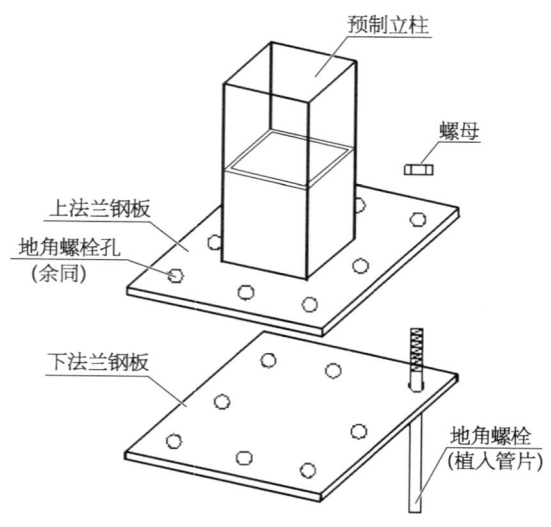

图4.5 柱与基座节点——法兰式接头

5) 浆锚式接头

浆锚式接头如图4.6所示,特点是利用

钢套筒及高强水泥砂浆压力灌浆锚固柱纵向受力钢筋,取消了现场焊接和后浇混凝土,施工方便。在我国,浆锚式接头已开始应用在装配式建筑及预制化桥梁施工中,主要有灌浆套筒和灌浆波纹管两种连接方式。

浆锚式接头的关键技术在于预制立柱纵筋的连接套筒及高强水泥砂浆。这两种材料造价昂贵,导致此接头经济性较差。此外,注浆套筒孔和插筋的位置要求高度精准(施工误差≤±2 mm),所以此接头对施工精度要求很高。

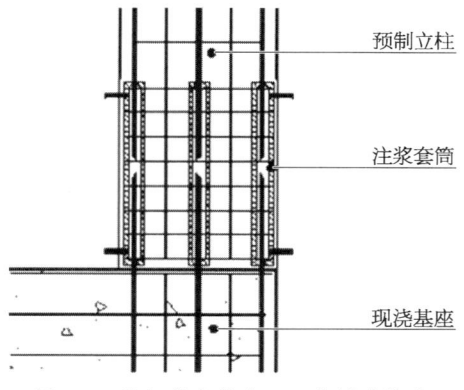

图 4.6　柱与基座节点——浆锚式接头

盾构隧道预制内部结构体系中采用了现浇基座,有效消除了管片拼装误差,使预留插筋精度得到保证。同时,灌浆套筒和灌浆波纹管广泛应用于桥梁工程和民建工程。所以,灌浆套筒和灌浆波纹管具有可行性,且优势明显。本次研究及应用的重点放在浆锚式接头。

(1) 灌浆套筒连接。目前在桥梁工程领域比较常见的一种钢筋连接件就是灌浆套筒。图 4.7 所示为灌浆套筒连接示意图。首先在其中一个构件的纵筋断开处预埋套筒,并且该构件断开纵筋的一部分长度插入套筒内部,相应地从另一构件处伸出钢筋。安装时,将另一构件伸出的钢筋插入预埋套筒内,通过套筒上预留的灌浆孔向套筒内部灌注高强灌浆料。待灌浆料达到一定强度后,即可实现两个构件中断开钢筋的连接。

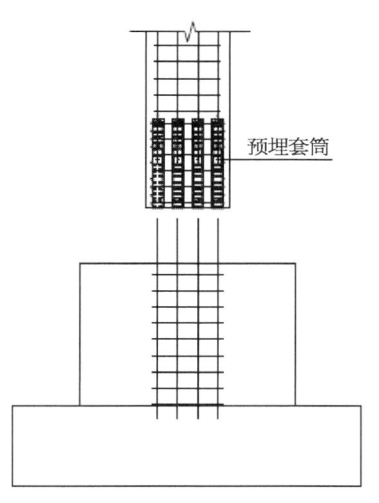

图 4.7　灌浆套筒

灌浆套筒连接可视为一种钢筋机械连接方式,但它与直螺纹等连接方式的工作机理不同。图 4.8 为灌浆套筒连接接头机理图。灌浆材料与被连接钢筋的黏结力主要由材料黏附力、灌浆材料和钢筋表面的摩擦力、钢筋肋与灌浆材料之间的机械咬合力组成。钢筋中的力经过结合面传递到灌浆材料中,灌浆材料中的应力则通过灌浆材料与套筒内壁结合面的黏结力传递到套筒中。同时,套管外的混凝土和套筒可为灌浆材料提供有效的侧向约束力,可有效提高材料黏结面的黏结和锚固效果,确保力的传递能力。为了保证钢筋和灌浆材料之间、灌浆材料和套筒之间有充足的黏接力,使一端钢筋中的力能够传递到另一端的钢筋中,钢筋深入套筒中的长度必须满足最小长度的要求。该最小长度值一般与钢筋的直径、钢筋表面是否有肋、灌浆材料的强度和龄期,以及套筒表面的形式等因素有关。

灌浆套筒的连接主要依靠高强度灌浆材料与钢筋和套筒内表面的黏接来传递力。当连接钢筋受拉时,力先通过钢筋和灌浆材料之间的结合力传递到高强灌浆材料中,然后再通过黏接力传递到套筒。灌浆套筒连接在地上工程领域应用较多,国内外学者进行了很多相关研究。

Haber Z. B.、同济大学、Riva 等,Y. Kim 等开展了预制立柱的试验研究。试验研究结果

(a) 灌浆套筒连接示意图

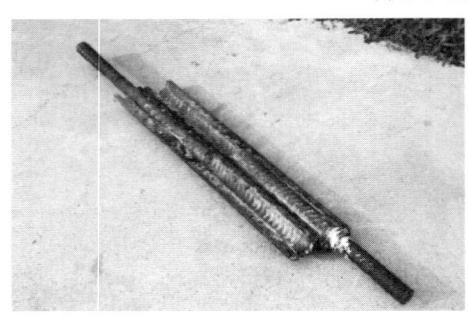

(b) 灌浆套筒横剖面图

图 4.8 灌浆套筒连接

表明,灌浆套筒连接柱在承载能力和抗震性能方面整体现浇柱接近,而且套筒的存在使该部分区域形成刚性区域,套筒顶部较易发生混凝土剥落。在小轴压比条件下,预制柱底部与基座的结合面处会发生破坏;在大轴压比条件下,预制柱在保护层混凝土剥落后,核心区混凝土压力突然增大,导致预制柱核心区混凝土被压碎。

章一萍、冯波、熊峰等以套筒连接预制短柱为研究对象,柱底采用了不同形式的水平接缝。研究结果表明,预制短柱的承载力、耗能能力等与整体现浇柱相似,证明了套筒连接方式的可靠性。同时还证明了不同的水平连接缝的形式对试件承载力和抗震性能影响不大。

魏红一、肖纬、王志强等研究了不同套筒预埋位置对预制装配桥墩抗震性能的影响。试验研究结果表明,灌浆套筒预埋位置不同对预制桥墩柱的损伤分布和塑性铰形成有所影响,但总体抗震性能受灌浆套筒预埋位置影响不大,且预制柱的损伤主要集中在接缝处,其承载力和耗能能力不弱于整体现浇试件。

综上所述,套筒连接节点有以下特点:承载力、抗震性能与现浇试件接近;套筒区域形成刚性区域,套筒区域底端和顶部截面抗剪、抗弯、抗压刚度及承载力突变,形成明显的薄弱截面,易发生破坏。

(2) 灌浆波纹管连接。所谓灌浆波纹管连接,就是从一个预制构件伸出的钢筋插入另一构件的预埋管道中,然后在波纹管内灌浆,高强灌浆料为钢筋提供锚固作用,钢筋中的力会传递到周围的混凝土中。如果灌浆波纹管周围有搭接钢筋,力还会进一步传递到管道外的搭接钢筋上,如图 4.9 所示。波纹管表面的波纹提高了波纹管和其外侧混凝土、波纹管和其内侧灌浆材料之间的表面结合力,能有效防止波纹管被拔出。为了保证钢筋在受拉时不会从灌浆材料中被拔出,钢筋深入波纹管内的长度必须满足最小长度要求。该最小长度与钢筋的直径、钢筋表面的形状、灌浆材料的龄期和强度等有关。

相对于灌浆套筒连接节点,灌浆波纹管连接节点在桥梁工程领域也有所应用,但试验研究相对较少。王志强等曾展开过灌浆金属波纹管连接桥墩的试验。试验共设计了两个试件,一个为预制试件,另一个为现浇试件。试验研究结果表明,在承载能力和抗震性能方面,灌浆金属波纹管连接试件与现浇试件相当。

图 4.9 灌浆波纹管连接

4.1.2 基座与管片的连接方式

盾构内部上层车道结构立柱与管片的连接是整个框架结构的基石。通常存在两种连接方式:立柱直接与管片连接、立柱通过基座与管片连接。前者已经广泛应用于各大盾构隧道,如上海外滩通道、上海上中路隧道、南京纬三路隧道等项目。立柱直接与管片连接构造简单、受力清晰。但是植筋钻孔施工时,难免会碰撞管片主筋。此时,需要重新钻孔避让主筋。因此,植筋定位精度较差,难以满足预制装配施工需求。此外,盾构隧道为柔性结构。在软土地区,盾构管片上下起伏较大,基于管片定位的植筋精度难以保证预制装配精度。为了解决上述问题,拟通过现浇基座连接预制立柱与盾构管片。同时,通过现浇基座修正软土地区盾构施工误差。

现浇基座与管片连接设计如图 4.10 所示,预制立柱锚固于基座上,基座通过植筋与管片连接。

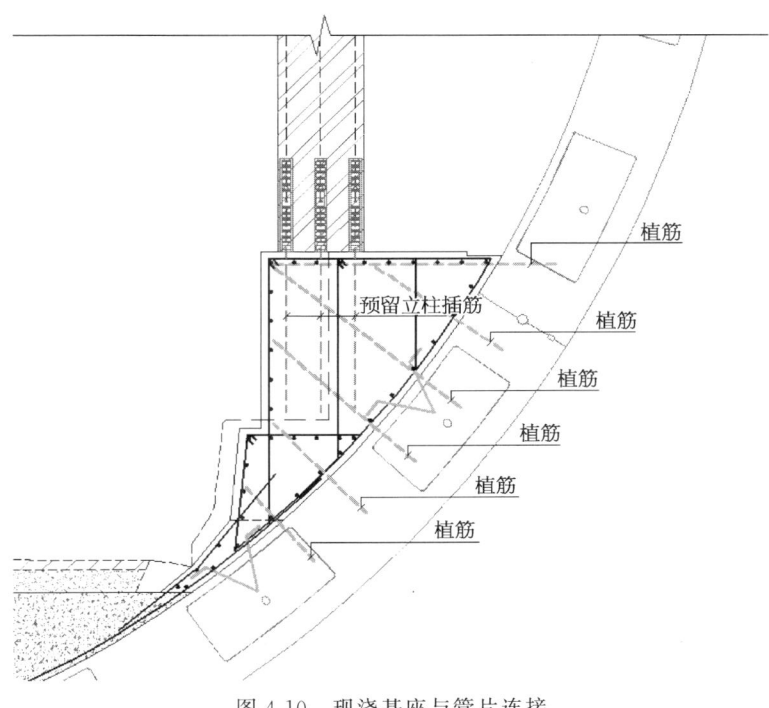

图 4.10 现浇基座与管片连接

4.1.3 梁-柱接头的连接形式

1) 现浇湿接头研究

现浇湿接头构造简单,实施容易,如图 4.11 所示。但是在狭小空间(缝隙)内绑扎钢筋十分困难,质量难以保证。

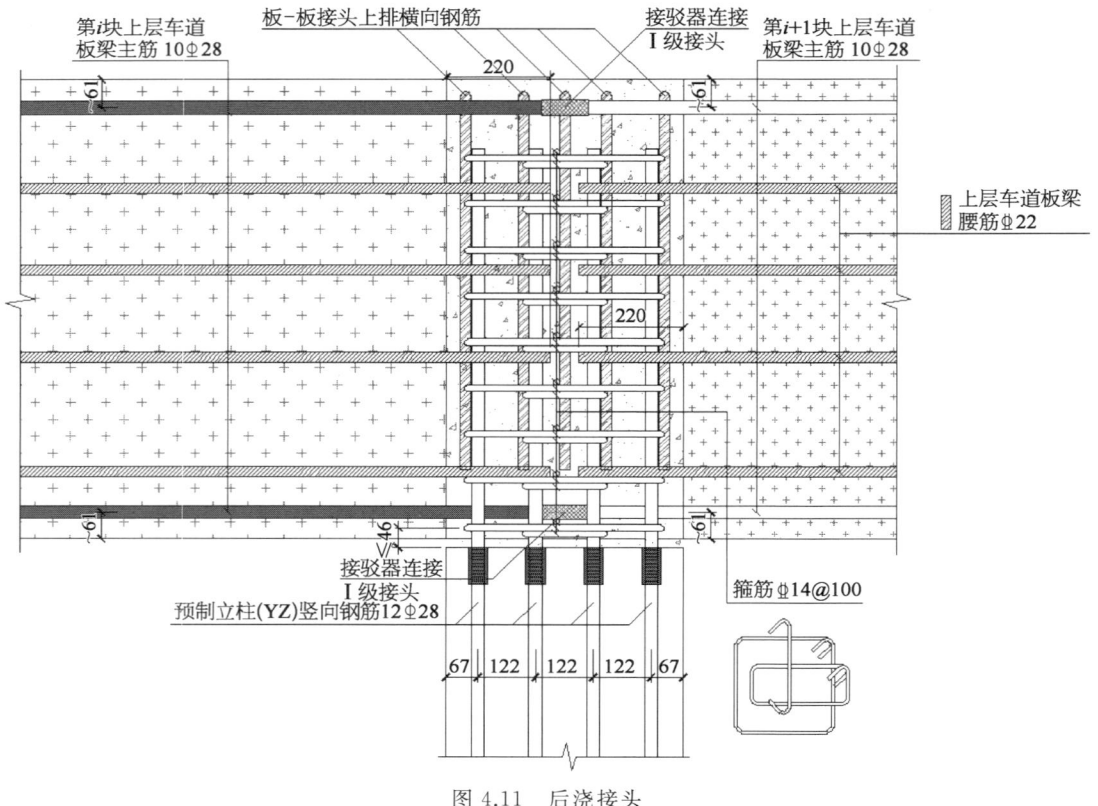

图 4.11 后浇接头

2) 活性粉末混凝土接头研究

基于上述现浇湿接头的难点,可增强后浇料强度和性能,减少钢筋构造需求,从而降低钢管实施难度,提高施工质量。活性粉末混凝土就是很好的选择。

4.2 立柱与基座的连接力学试验

4.2.1 预制立柱-基座节点数值模拟

1) 有限元模型的建立

(1) 尺寸和网格的划分。通过三维精细化建模的方法,对整体现浇试件、灌浆波纹管连接试件和灌浆套筒连接试件进行非线性的数值分析。这3个试件的柱身和基座的配筋、几何尺寸见第3章。图4.12为建立的三维模型,混凝土和钢筋的网格种子尺寸都为50 mm,混凝土的单元类型为C3D8R,钢筋的单元类型为T3D2。

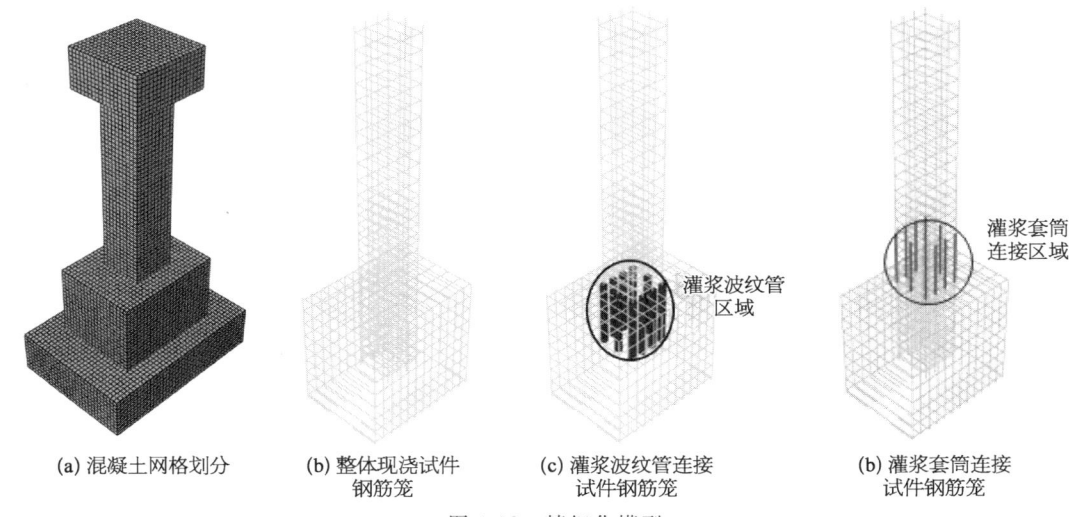

(a) 混凝土网格划分　(b) 整体现浇试件钢筋笼　(c) 灌浆波纹管连接试件钢筋笼　(b) 灌浆套筒连接试件钢筋笼

图4.12　精细化模型

(2) 混凝土材料模型。为了提高计算速度,柱的加载头部分混凝土采用弹性本构模型,其余部分的混凝土采用ABAQUS软件中自带的损伤塑性材料模型。混凝土材料的拉压曲线采用《混凝土结构设计规范》(GB 50010—2010)"附录C"中的混凝土单轴受拉、受压曲线。在弹性阶段,损伤塑性模型的应力-应变关系通过定义材料的初始弹性模量E_0和极限弹性应力来实现;而塑性阶段参数的确定较为复杂。

在ABAQUS软件中,受压阶段混凝土损伤塑性模型需要输入σ_c-$\tilde{\varepsilon}_c^{in}$和$D_c$-$\tilde{\varepsilon}_c^{in}$两组对应关系数据。经计算,混凝土的$\sigma_c$-$\tilde{\varepsilon}_c^{in}$曲线和$D_c$-$\tilde{\varepsilon}_c^{in}$曲线如图4.13所示。

在混凝土受拉时,假定混凝土的拉应力达到抗拉强度f_t之前,其应力-应变曲线是一条直线;混凝土的拉应力达到抗拉强度f_t以后,开始近似塑性阶段,与受压阶段相似,混凝土的后续响应也可以通过输入σ_t-$\tilde{\varepsilon}_t^{ck}$和$D_t$-$\tilde{\varepsilon}_t^{ck}$两组对应关系数据确定。但是,这种方法容易出现电网格敏感性问题和收敛问题。Hilleborg提出的断裂能方法可以较好地解决这个问题,并且该方法已被普遍接受。采用这种方法时,需要输入混凝土的应力-开裂位移(σ_t-u_t^{ck})关系和损伤因子-开裂位移(D_t-u_t^{ck})关系。混凝土的σ_t-u_t^{ck}曲线和D_t-u_t^{ck}曲线如图4.14所示。

(3) 钢筋材料模型。钢筋本构采用理想弹塑性模型,钢筋弹性模量和屈服强度采用材性试验中的平均值,分别为471.5 MPa、2.01×10^5 N/mm²。

(4) 套筒。试验中采用的套筒是柳州欧维姆结构检测技术有限公司生产的GT4-28SH套筒,其内径为51 mm,外径为70 mm,套筒长度为560 mm。为研究钢筋灌浆套筒接头的受力机理,对该钢筋接头进行了单向拉伸试验。试验结果表明,该连接接头是十分可靠的,试件最后的破坏模式为套筒区域外的钢筋被拉断。实验过程中的位移主要集中在套筒外的钢筋上,而套筒段的位移很小,近似为线性,因此采用线弹性的Truss单元模拟纵筋套

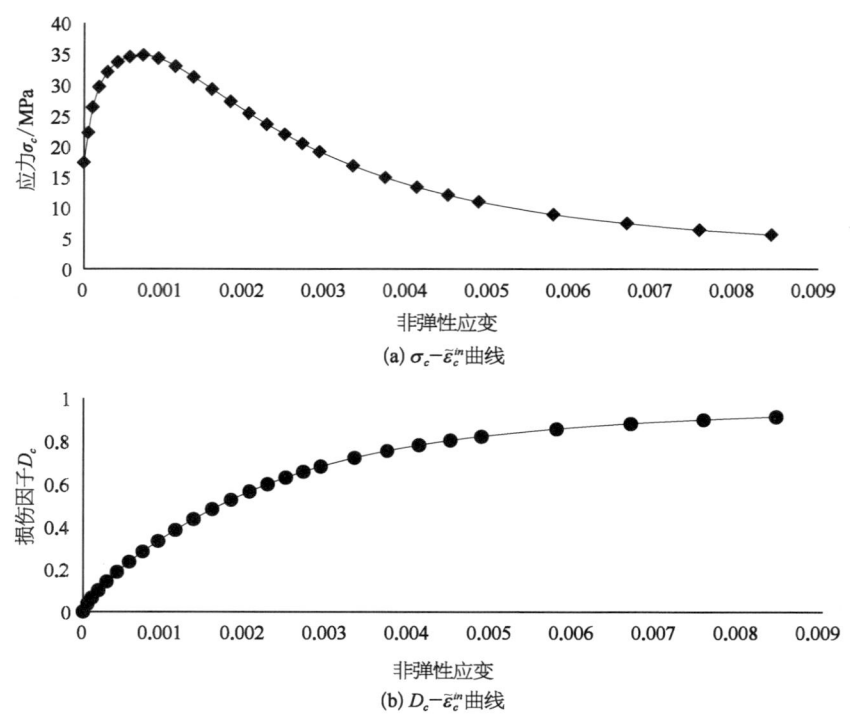

图 4.13 混凝土受压曲线

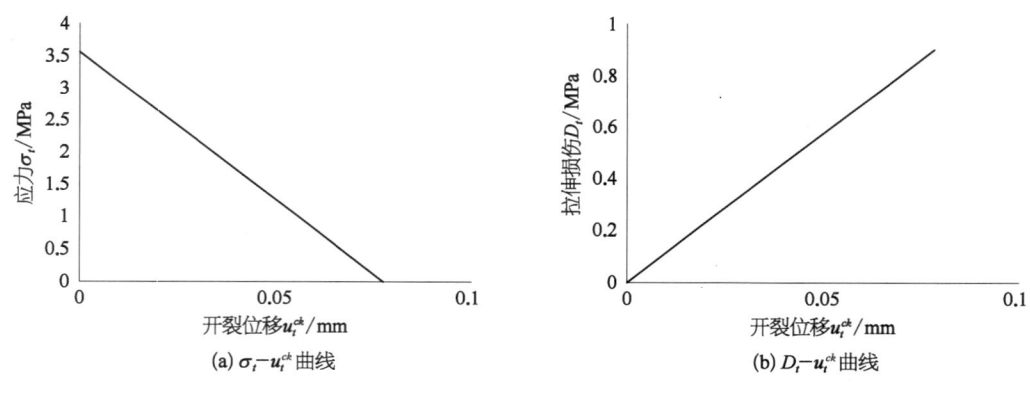

图 4.14 混凝土受拉曲线

筒连接段。由拉伸试验曲线可得,套筒段的轴向刚度 k 为 1 553.2 kN/mm。由 $k=\dfrac{EA}{l}$(E 为套筒段等效弹性模量,A 为套筒横截面面积,l 为套筒长度)可得 $E=481.71$ GPa。

(5) 波纹管。波纹管内径为 58 mm,壁厚 2.1 mm,如图 4.15 所示。材料为铸铁,延性极差,在数值模拟中,波纹管采用线弹性材料模型,材料的弹性模量取 2.1×10^5 MPa,采用壳单元并通过 Embed 命令嵌入到混凝土中。

(6) 边界条件和加载。对于整体现浇试件,立柱和柱底基座是整体浇筑的,在立柱底部和基座的连接表面采用 Tie 约束。对于灌浆套筒连接试件和灌浆波纹管连接试件,柱子与

图 4.15 波纹管

底部基座分开浇注,两者通过一层 10 mm 厚的砂浆黏合。因此,此处使用硬接触,切向摩擦系数为 0.4。约束试件底板下表面的 U1、U2 和 U3 自由度加载时,先在柱顶施加轴向力 $N = 1\ 000$ kN 并保持恒定,然后加载头的侧向施加单调位移荷载。

2) 结果分析

(1) 损伤分析。图 4.16 分别是柱顶水平位移为 120 mm 时整体现浇试件、灌浆波纹管连接试件、灌浆套筒连接试件的拉伸损伤分布云图。整体现浇试件和灌浆波纹管连接试件柱身损伤分布比较相似,拉伸损伤分布比较均匀;灌浆套筒连接试件,套筒区混凝土损伤范围比另外两个试件要小,但是柱底上方 560 mm(即套筒正上方)区域有较大的混凝土受拉损伤。这是由于套筒的刚度较大,套筒的存在限制了该区域混凝土的开裂,而套筒上方区域刚度较小,从而出现了裂缝集中现象。

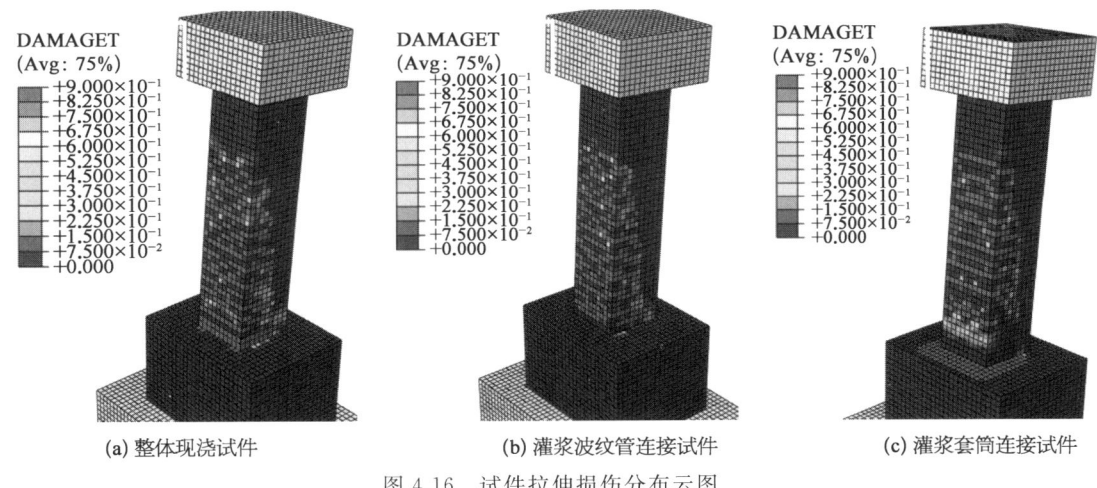

(a) 整体现浇试件　　　　　(b) 灌浆波纹管连接试件　　　　　(c) 灌浆套筒连接试件

图 4.16 试件拉伸损伤分布云图

(2) 钢筋应力。图 4.17 分别是柱顶水平位移为 120 mm 时整体现浇试件、灌浆波纹管连接试件、灌浆套筒连接试件的钢筋轴向应力云图。整体现浇试件和灌浆波纹管连接试件的钢筋应力分布相似,柱底附近钢筋应力较大,且柱顶最外侧钢筋已经屈服;灌浆套筒连接试件套筒区域的应力较小,套筒区底部和上部部分的纵筋应力较大,且最大位置处已经达到了屈服应力。

(3) 力-位移曲线。图 4.18 显示了柱顶部的侧向力-位移曲线的数值结果。从中可以看出,柱顶水平力小于 120 kN 时,3 条曲线基本重合且为直线;柱顶水平力大于 120 kN 且小于屈服荷载时,3 条曲线的刚度都有所下降,而灌浆套筒连接试件的刚度要大于另外两个试件。这可能是因为套筒区域的存在增强了试件的刚度。从力-位移曲线来看,灌浆套筒连接

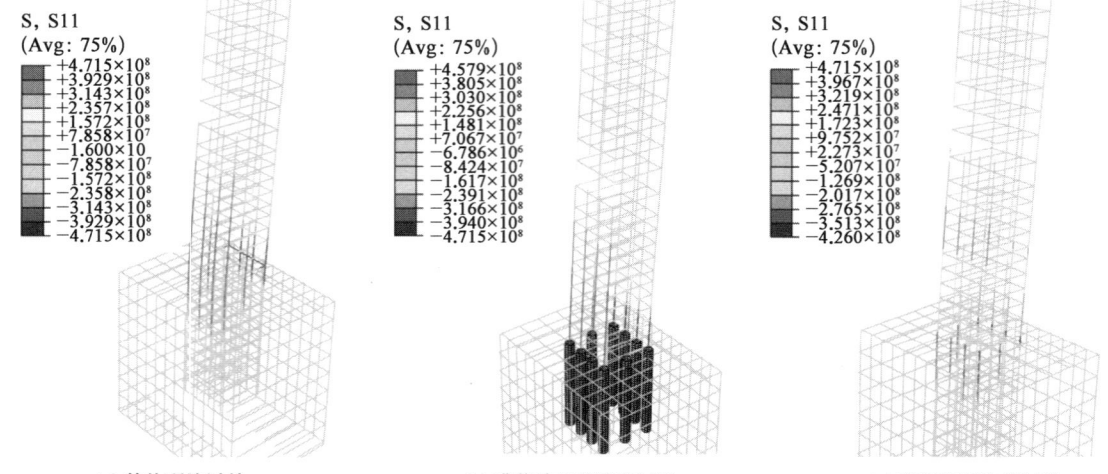

(a) 整体现浇试件　　(b) 灌浆波纹管连接试件　　(c) 灌浆套筒连接试件

图 4.17　试件钢筋轴向应力 S11 云图

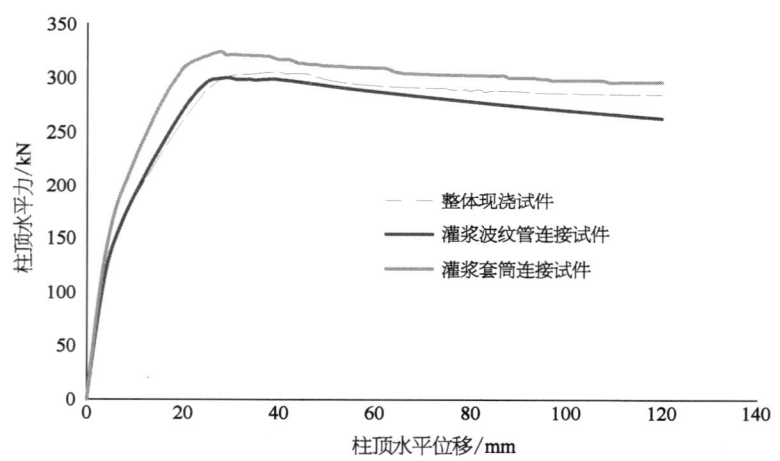

图 4.18　数值结果与试验结果对比

试件的承载力要略大于另外两个试件。

通过对整体现浇试件、灌浆波纹管连接试件和灌浆套管连接试件精细的三维数值分析，进一步验证和补充了前一章试验研究的结论：

(1) 灌浆套筒连接试件和灌浆波纹管连接试件的承载能力与现浇试件基本相同。

(2) 灌浆波纹管连接试件的破坏方式是在柱底部形成塑性铰，类似现浇试件；然而，灌浆套筒连接试件除了形成柱底部的塑性铰外，套筒的存在使该部分区域形成了刚性区域，套筒上方的钢筋应力和混凝土损伤较大，进一步形成第二塑性铰区域。

(3) 综合混凝土损伤、钢筋应力分布和柱顶力-位移曲线来看，灌浆波纹管节点的传力机制主要依靠黏结传力，波纹管位于基座中，其主要作用是为预制柱内受力纵筋提供足够的锚固长度，与现浇节点更为接近；而灌浆套筒节点中的套筒提供约束套箍，并在钢筋断开处，套筒替代钢筋受力，其主要作用是连接钢筋，同时套筒的存在对该区域的刚度影响较大。

4.2.2 试验方案

1）实验目的

探讨在设计轴力条件下,灌浆套筒、灌浆波纹管连接预制柱的承载力和抗震性能,并验证其能否达到与整体现浇柱等效的效果。

2）试件设计

试验中共设计了 3 个试件,试件尺寸和配筋均按照诸光路隧道实际情况设置。如表 4.1 和图 4.19 所示,1 号试件是整体现浇试件,2 号试件和 3 号试件分别用于模拟预制柱的两种连接方式——灌浆波纹管连接和灌浆套筒连接。3 个试件均由柱和基座两个部分组成。柱的顶部为加载头,加载头部分尺寸为 450 mm×900 mm×900 mm,其余部分截面尺寸均为 500 mm×500 mm,高度 2 180 mm。为了制作方便,基座部分根据实际情况进行了适当简化,总高度 1 375 mm,两侧对称。

所有试件钢筋等级均为 HRB400,混凝土等级均为 C50。除 1 号试件柱与基座一同浇筑,2 号试件、3 号试件的基座和柱身分别浇筑。

表 4.1 试 验 试 件

试件编号	试件类型	柱底接头形式	柱纵筋	柱箍筋	基座
1	现浇	现浇	10⌀28	底部⌀14@100,上部⌀14@150	柱、基座一同浇筑
2	预制	灌浆波纹管	10⌀28	底部⌀14@100,上部⌀14@150	柱、基座分开浇筑
3	预制	灌浆套筒	10⌀28	底部⌀14@100,上部⌀14@150	柱、基座分开浇筑

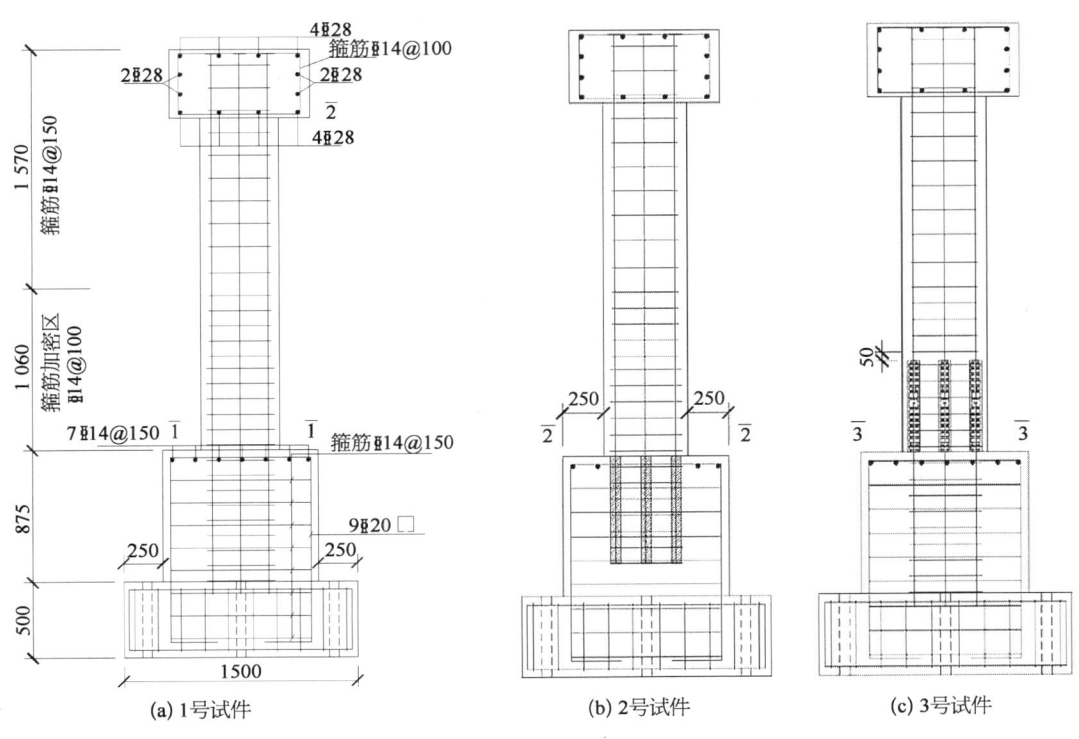

(a) 1号试件　　　　　　(b) 2号试件　　　　　　(c) 3号试件

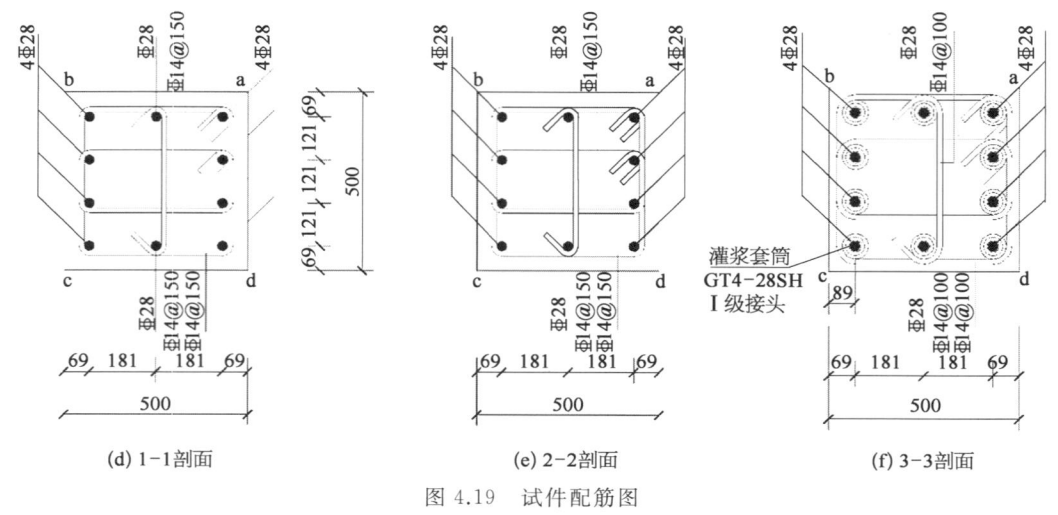

(d) 1-1剖面　　　　　(e) 2-2剖面　　　　　(f) 3-3剖面

图 4.19　试件配筋图

3）加载方案

试验采用压弯低周期反复载荷试验方法。加载时,先将垂直轴向力施加到柱顶部并保持恒定,然后将水平低周反复载荷施加到柱顶侧面。加载装置采用同济大学嘉定校区地震工程馆的拟静力试验系统。垂直载荷由 1 500 kN 吨位的千斤顶提供。千斤顶的中心与柱顶部的中心位置对齐,反力系统由反力架和支撑在反力架上的钢梁组成。水平推拉荷载由电液伺服作动器施加,负载吨位为 2 000 kN,行程为 ±500 mm。水平作动器安装在反力墙上,下侧用门式钢框架固定。如图 4.20 所示,为了便于叙述,规定平行于反力墙的两个柱侧面分别为 N 面和 S 面,其中离反力墙较近的面为 N 面,水平作动器在 N←→S 方向反复推拉,且由 N 向 S 方向推时柱顶水平位移为正,由 S 向 N 方向拉时柱顶水平位移为负;另外两个柱侧面分别为 W 面和 E 面。

图 4.20　试验加载装置

在实际工况下,立柱的竖向荷载主要来源于结构的自重及竖向车辆荷载。经计算,柱的轴力为 800~1 400 kN。图 4.21 所示为柱截面的 N-M 曲线,由图可知,在此轴力范围内,柱属于大偏心受压构件。选定预加轴力 $N=1 000$ kN,从数值分析结果来看,柱顶屈服荷载 $P_y=280$ kN、屈服位移 $\Delta_y=20$ mm。

具体加载方案如下：竖向千斤顶首先在试件顶部施加轴向力；待轴向力达到 1 000 kN 并保持恒定之后,再施加水平向的低周反复荷载。前三级荷载采用力控制,分别为 $0.15P_y$

(42 kN)、$0.30P_y$(84 kN)、$0.45P_y$(126 kN),每级循环2次;然后进入位移控制阶段,每级的位移幅度增加5 mm,每级循环3次;当力-位移曲线显示出显著的屈服点时,位移幅度每级增加20 mm(Δ_y),每级荷载循环3次。

4)观测方案

试验的观测内容主要包括:

(1)测绘试件的破坏特征。为对比分析不同试件的破坏特征,加载时,在每级荷载的最后一个循环的峰值点处停留5~10 min,观测裂缝分布和宽度,描述试件破坏特征。

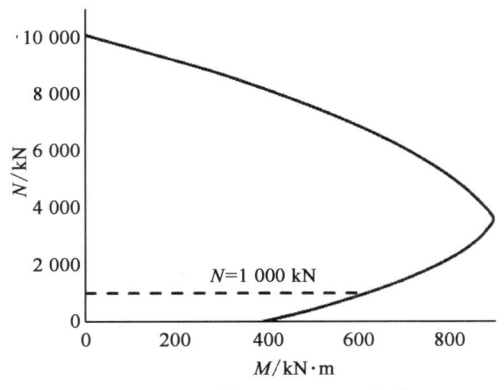

图4.21 柱截面的N-M曲线

(2)测定试件的力-位移曲线。为获得各试件柱顶的水平力-位移曲线,需要测量柱顶的水平力和水平位移。柱顶的水平力可以通过试验加载系统获得。由于在加载过程中,柱的底部可能存在水平滑动,因此不能仅以柱顶水平位移值作为力-位移曲线的位移值。这里在柱的顶部和底部各设置了一个水平位移计,以两水平位移计之差作为力-位移曲线的位移值。

(3)应变测量。为进一步研究试件受力特征,需采集节点区域纵筋、套筒、波纹管及植筋基座中植筋应变。

4.2.3 材性试验

在开始进行试件的拟静力加载试验当天,对预留的混凝土立方体试块和钢筋进行了材性试验,试验获得的材料参数如表4.2和表4.3所示。

表4.2 试验混凝土材料参数

试块编号	1	2	3	平均值
立方体抗压强度/MPa	51.6	50.4	59.7	53.9

表4.3 试验钢筋材料参数

试件编号	1	2	3	平均值
屈服强度/MPa	469.3	471.0	474.2	471.5
极限强度/MPa	578.8	590.2	586.3	585.1
弹性模量(105 MPa)	2.06	2.03	1.93	2.01

4.2.4 试验现象

1)1号整体现浇试件

1号试件破坏过程,如图4.22所示。

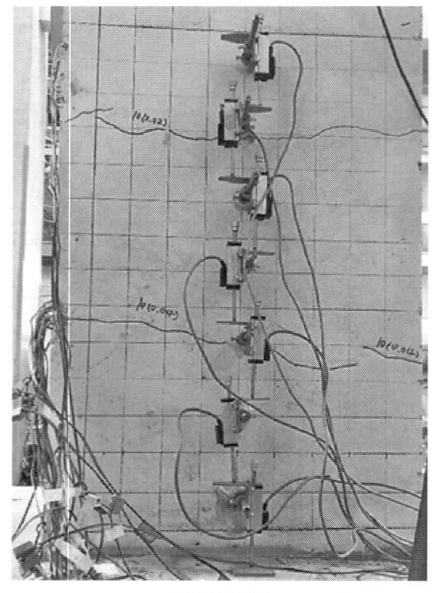

(a) N面（位移等级10 mm） (b) S面（位移等级10 mm）

(c) W面（位移等级40 mm） (d) E面（位移等级40 mm）

(e) W面（位移等级40 mm）　　　　　(f) E面（位移等级40 mm）

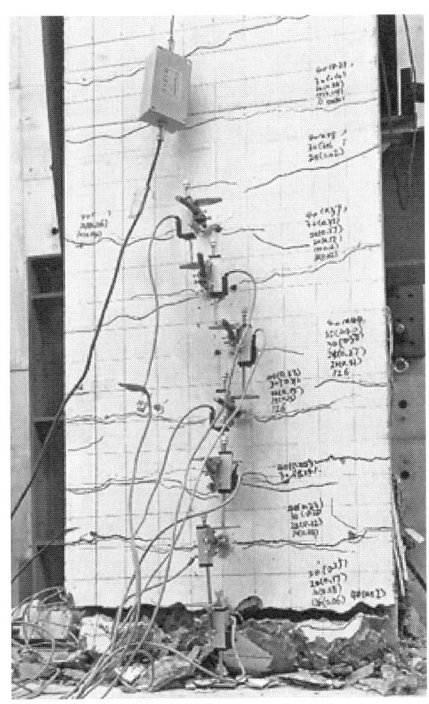

(g) N面（位移等级120 mm）　　　　　(h) S面（位移等级120 mm）

图 4.22　1 号试件破坏过程

2）2 号灌浆波纹管连接试件

如图 4.23 所示，加载到第三级荷载（即荷载峰值为 126 kN）时，开始在柱的 N 面和 S 面上观察到水平裂缝，但水平裂缝的数量很少，而且裂缝的宽度也很小。随着试验的持续进行，荷载等级继续提高，柱顶水平力峰值继续增加，可以观察到水平裂缝的数量越来越多，裂缝的宽度也越来越大，宽度最大的裂缝位于柱底附近。位移等级达到 20 mm 时，开始在柱的 E 面和 W 面上观察到斜裂缝。

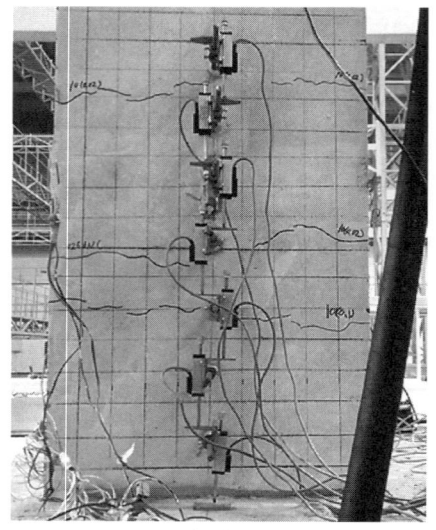
(a) N面（位移等级10 mm）

(b) S面（位移等级10 mm）

(c) N面（位移等级40 mm）

(d) S面（位移等级40 mm）

(e) W面（位移等级40 mm）　　　　　(f) E面（位移等级40 mm）

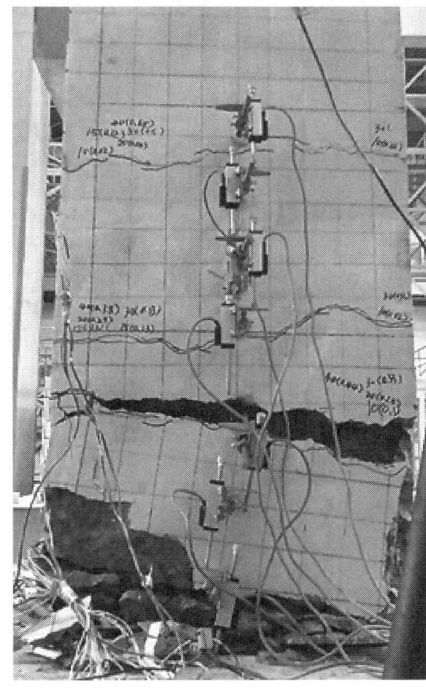

(g) N面（位移等级120 mm）　　　　　(h) S面（位移等级120 mm）

图 4.23　2 号构件破坏过程

当柱顶水平位移等级为 60 mm 时，柱底的 4 个角部附近出现了竖向裂缝并有部分角部混凝土压碎。当柱顶的水平位移等级增加到 80 mm 时，柱底的角部附近混凝土出现压碎现象，同时 N 面和 S 面柱底附近的混凝土保护层出现剥落现象。随着试验的进行，柱顶水平位移继续增加，观察到柱的底部混凝土出现更大范围的压碎并从混凝土柱身剥落。试验结束后，观测到柱的 N 面上混凝土剥落的高度为 300 mm，而 S 面上混凝土剥落的高度为 475 mm。

3）3号灌浆套筒连接试件

如图4.24所示,当试验加载到柱顶的水平位移等级为10 mm时,在柱的N面观察到了第一道水平裂缝,裂缝位置距柱底约550 mm（套筒区域正上方）,宽度为0.2 mm。在此位移等级下,柱的S面出现了观察到了3道水平裂缝,3道裂缝分别距柱底约350 mm、550 mm、825 mm。其中,距柱底550 mm处的裂缝宽度为0.2 mm;另外两条裂缝宽度很小,约为0.05 mm。与此同时,还观察到柱底与基座间的砂浆结合层也出现开裂现象。

随着试验的进行,柱顶的水平位移等级持续增加,在此过程中观察到柱的N面和S面的水平裂缝数量不断增加,宽度也不断增大,但宽度最大的裂缝始终是位于距柱底约550 mm处的裂缝。柱顶的水平位移等级达到20 mm时,开始在柱的E面和W面上观察到斜裂缝。

(a) S面（位移等级10 mm）

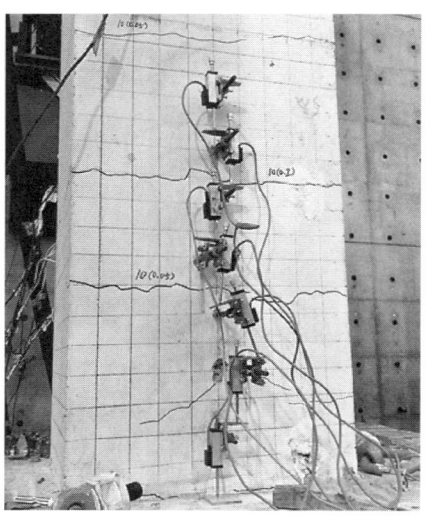
(b) N面（位移等级10 mm）

(c) S面（位移等级40 mm）

(d) N面（位移等级40 mm）

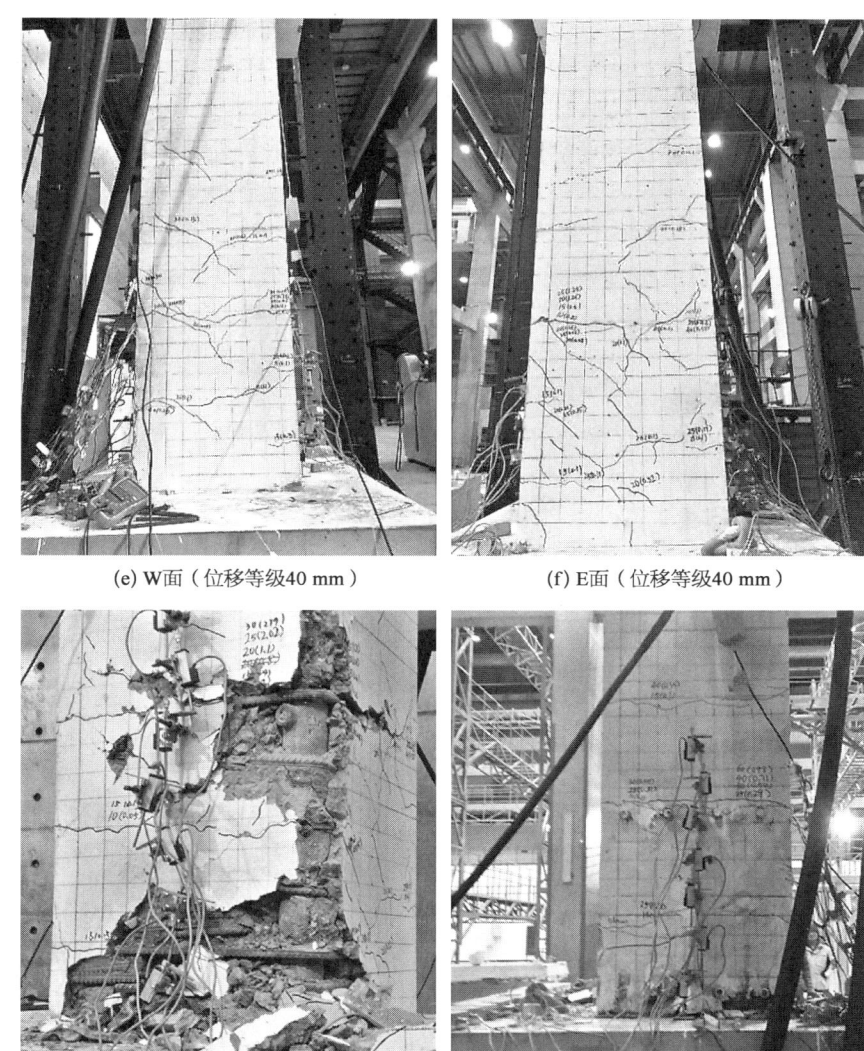

(e) W面（位移等级40 mm）   (f) E面（位移等级40 mm）

(g) S面（位移等级120 mm）   (h) N面（位移等级120 mm）

图 4.24　3号试件试验后套筒检查

当柱顶的位移等级达到 60 mm 时，在柱底的角部附近观察到了竖向裂缝；在高度为柱底以上 550 mm 附近处，柱的 S 面和 E 面交叉的角部区域的混凝土显示出剥落的趋势。柱顶的水平位移等级增加到 80 mm 时，柱底的角部附近混凝土出现压碎现象，而且在 S 面和 E 面交叉的角部区域的混凝土开始从柱身剥落，使原本预埋于柱内部的套筒和套筒周围的箍筋外露。

4.2.5　试验结果分析

1）滞回曲线

在水平低周往复荷载作用下，得到柱顶的水平力-位移曲线。在试验初期，荷载较小，结构处于弹性阶段,力-位移曲线为直线,卸载后曲线基本能回到原点。当荷载大到一定程度后,结构开始进入塑性,卸载后产生残余变形,力-位移曲线无法回到原点。这样经过一个荷载循环,力-位移曲线就形成了一个环。此环称为滞回环,多个滞回环就组成了滞回曲线。

滞回曲线反映了结构在反复受力过程中的变形特征、刚度退化及能量消耗。典型的滞回曲线形状一般有梭形、弓形、反S形和Z形。梭形滞回曲线的形状饱满,反映出整个结构或构件的塑性变形能力很强,具有很好的抗震性能和耗能能力,常出现在受弯、偏压、压弯及不发生剪切破坏的弯剪构件中。弓形滞回曲线具有"捏缩"效应,显示出滞回曲线受到一定的滑移影响。反S形滞回曲线反映了更多的滑移影响,滞回曲线的形状不饱满,说明该结构或构件延性和吸收地震能量的能力较差。Z形滞回曲线反映出滞回曲线受到了较大滑移影响,具有滑移性质。

如图4.25所示,1号试件、2号试件和3号试件在较低荷载阶段,基本处于弹性阶段。随着混凝土开裂、钢筋的屈服,滞回环逐渐拉开呈现梭形,而后滞回环向弓形发展。总体而言,试件均为弯曲破坏;1号整体现浇试件和2号灌浆波纹管连接试件的滞回曲线形状更为相似,滞回环更加饱满;3号试件捏笼现象较为明显,耗能能力稍弱。

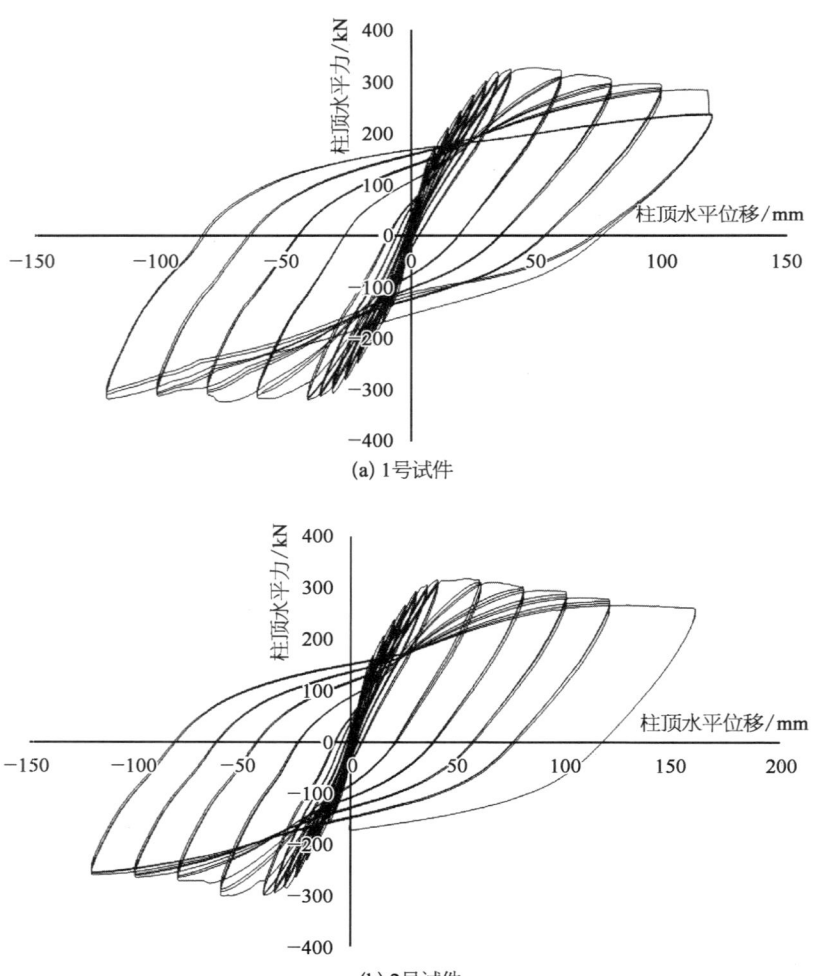

(a) 1号试件

(b) 2号试件

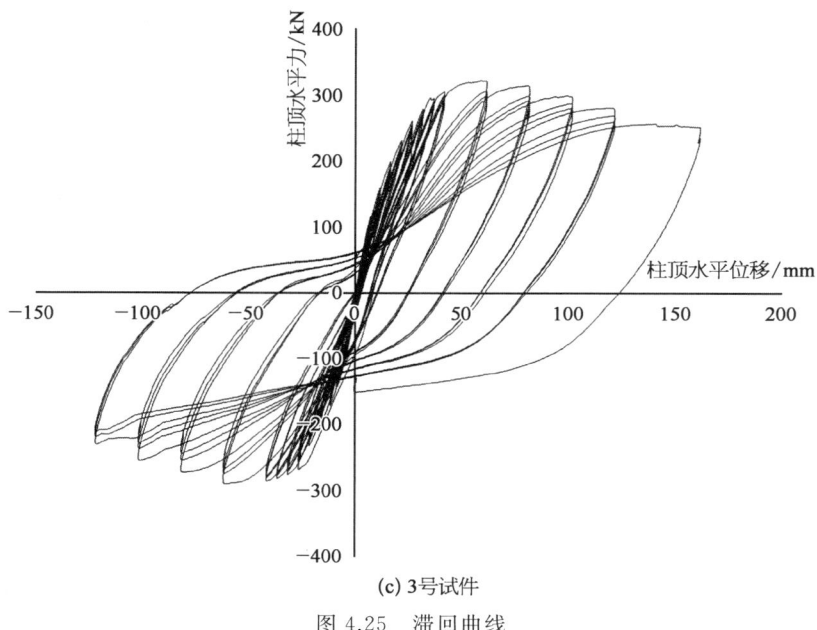

(c) 3号试件

图 4.25 滞回曲线

2）骨架曲线

骨架曲线是滞回曲线的包络线，由每个循环的峰值点连接而成。骨架曲线的形状大体上与单调加载得到的荷载位移曲线相似，只是极限荷载略低一些，能够比较明显地反映构件的初始刚度、最大荷载、屈后刚度、延性等抗震指标。试件骨架曲线如图 4.26 所示，骨架曲线各特征点见表 4.4。1 号试件、2 号试件和 3 号试件的骨架曲线基本相同，在正方向上，3 条曲线几乎重合；在反方向上，进入屈服阶段后，整体现浇试件的承载力略高于两个现浇试件，且承载力下降也比较缓慢。

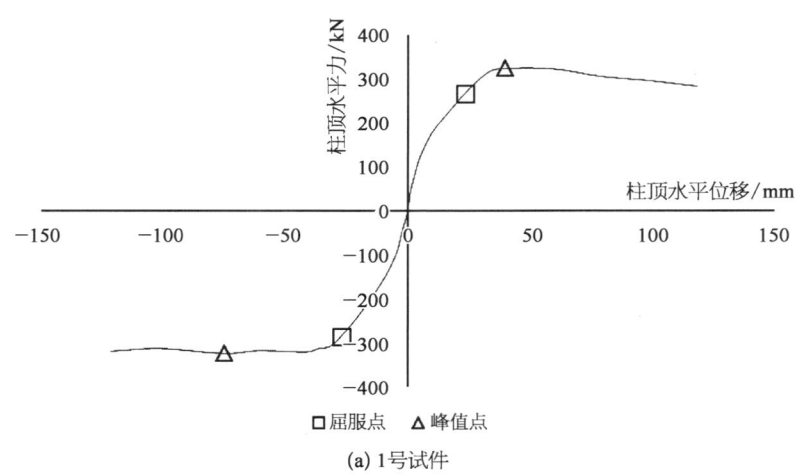

(a) 1号试件

第 4 章 连接节点形式与力学性能

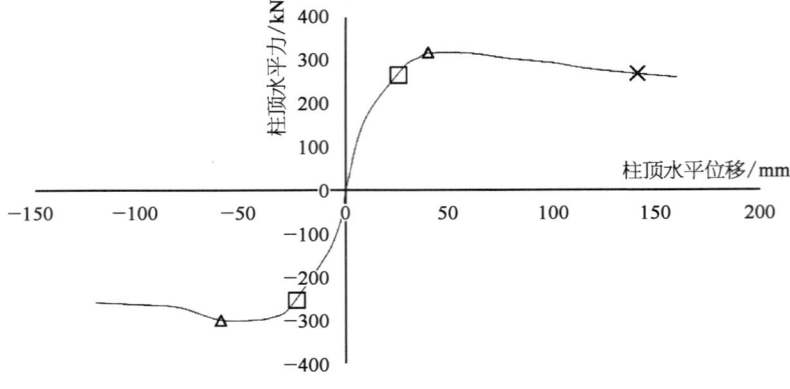

(b) 2号试件

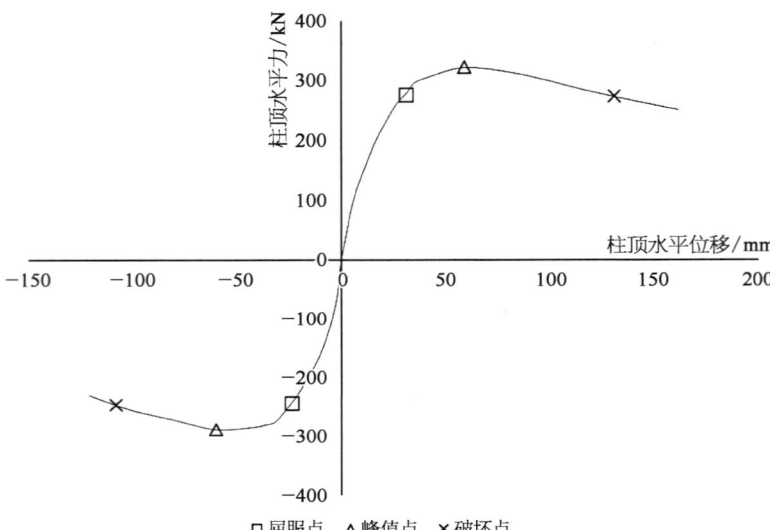

(c) 3号试件

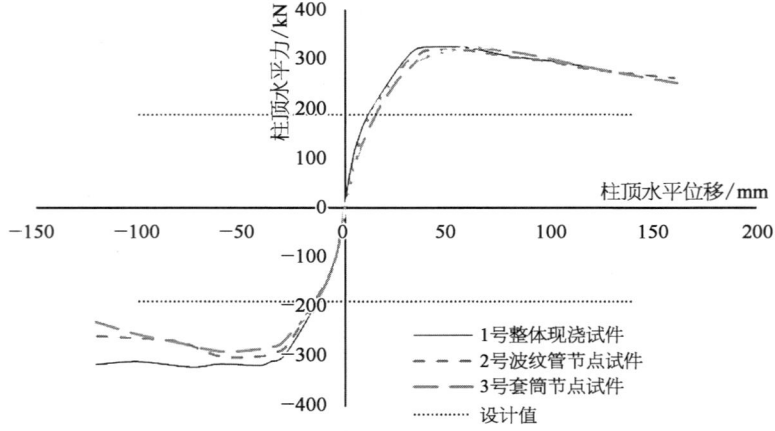

(d) 各试件骨架曲线对比

图 4.26 骨架曲线

表 4.4　各试件特征值

试　　件	加载方向	屈服位移 Δ_y /mm	屈服荷载 P_y /kN	峰值荷载 P_{max} /kN	极限位移 Δ_u /mm	极限荷载 P_u /kN	延性系数 μ
1号整体现浇试件	正向	23.25	266.84	323.97	>120	—	>5.2
	反向	−27.12	−282.76	−322.02	>120	—	>4.4
2号灌浆波纹管连接试件	正向	25.17	267.38	316.65	141.14	269.15	5.6
	反向	−24.13	−253.47	−300.72	>120	—	>5.0
3号灌浆套筒连接试件	正向	30.58	276.36	321.59	130.41	273.36	4.3
	反向	−24.07	−242.43	−288.94	−108.31	−245.60	4.5

3）延性

结构或构件超越弹性极限以后，在没有明显强度或刚度退化情况下的变形能力为延性。在抗震设计中，延性是一个重要指标，通常用延性系数来表示。延性系数可通过极限位移与屈服位移之比来确定，如下式所示：

$$\mu = \Delta_u / \Delta_y$$

式中　Δ_y——屈服位移；

　　　Δ_u——极限位移。

两者均可通过骨架曲线确定，具体确定方法如下：

（1）屈服位移 Δ_y、屈服荷载 P_y 的确定。目前，对于结构试验试件屈服点的判断通常有以下 4 种方法：

① 几何作图法。如图 4.27 所示，过 $P-\Delta$ 曲线原点 O 作切线与曲线极值点 G 的水平线交于 H 点，再过 H 作垂线与曲线交于 I 点，连接 OI 并延伸与水平线交于 H' 点，然受过 H' 点作垂线与曲线交于 B 点，则此时 B 点所对应的承载力和变形称为屈服荷载 P_y 和屈服位移 Δ_y。

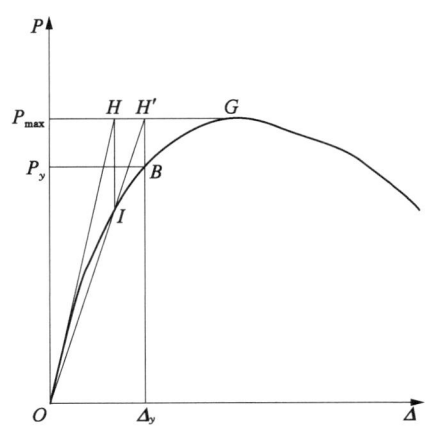

图 4.27　几何作图法确定屈服点

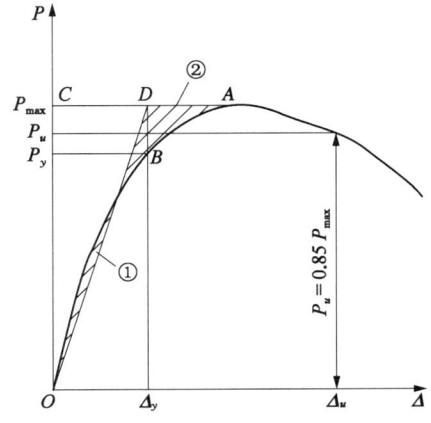

图 4.28　能量等值法确定屈服点

② 能量等值法。如图 4.28 所示，在 $P-\Delta$ 曲线中，面积代表能量，由最大荷载点引一水平线 AC，由原点 O 引一斜线交 AC 于 D，使阴影部分①的面积等于阴影部分②的面积，由

D 点引垂线交骨架曲线于 B 点,则此时 B 点所对应的承载力和变形即屈服荷载 P_y 和屈服位移 Δ_y。

③ 计算变形量 $\Delta\delta$ 的增长率。当 $\Delta\delta$ 增大,曲线出现拐点,将拐点所对应的承载力和变形值称为屈服荷载 P_y 和屈服位移 Δ_y。

④ 当最大受力截面上主筋应变达到屈服应变时,认为试件屈服。这时的荷载值和变形值称为屈服荷载 P_y 和屈服位移 Δ_y。

本文采用的方法为能量等值法,屈服荷载和屈服位移的具体数值见表 4.4。

(2) 极限位移 Δ_u 和极限荷载 P_u。 通常混凝土构件在荷载达到峰值荷载 P_{max} 以后仍然承受较大的变形而强度没有明显降低,因此多数结构试验将试件荷载下降到极限荷载 P_u 的 80%~85% 时所对应的位移、荷载作为极限位移、极限荷载。本试验取试件荷载下降到 $0.85P_{max}$ 时所对应的位移为极限位移 Δ_u,并认为试件此时破坏。极限荷载和极限位移的具体数值见表 4.4,由于试验条件的限制,并非所有试件都加载到了破坏点。

各试件的延性系数数值或范围见表 4.4,虽然有些试件未加载到破坏点,无法确定延性系数的具体数值,但通过对比 1 号试件、2 号试件和 3 号试件,仍能看出:3 个试件均有较好的延性,1 号整体现浇试件和 2 号灌浆波纹管连接试件的延性要略好于 3 号灌浆套筒连接试件。

4) 刚度退化

以割线刚度 K 来反映试件的刚度退化情况,其中第 i 级的割线刚度取为 $K_i = P_i/\Delta_i$,P_i 和 Δ_i 分别为第 i 级加载时的峰值荷载及其对应位移。各试件的刚度退化曲线如图 4.29 所示。由图 4.29 可知:1 号试件、2 号试件和 3 号试件刚度退化规律基本相同。

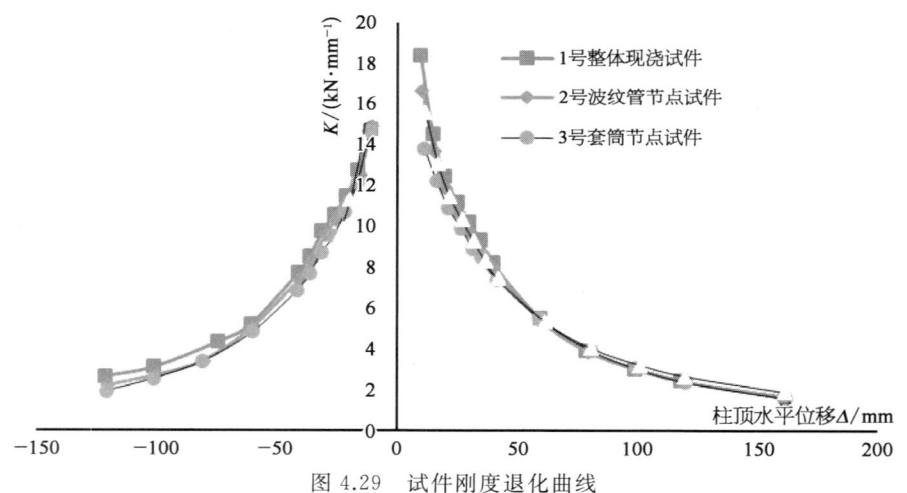

图 4.29 试件刚度退化曲线

5) 耗能能力

在反复荷载作用下,滞回曲线包围的面积反映了结构或试件吸收能量的大小。取每级加载正、反向包围面积的平均值作为耗能指标,各试件在各级荷载下的耗能值如表 4.5 和图 4.30 所示。从中可知:在柱顶水平位移较小(小于 40 mm)时,3 个试件的耗能能力都很小,绝对值相差不大;柱顶水平位移达到 60 mm 以后,3 个试件的耗能能力有了较大的增长,且 1 号整体现浇试件的耗能能力最优,2 号灌浆波纹管连接试件次之,3 号灌浆套筒连接试件耗能能力最差。以柱顶水平位移等级为 120 mm 时为例,2 号试件、3 号试件消耗的能量分别为 1 号试件的 91.1% 和 78.7%。

表 4.5 各级柱顶水平位移等级下的试件耗能

柱顶水平位移/mm		10	15	20	25	30	35	40	60	80	100	120
耗能 E/(kN·mm)	1 号试件	484	926	1 314	1 782	2 553	3 845	5 244	18 172	31 890	45 436	64 328
	2 号试件	508	944	1 303	1 732	2 516	3 935	5 398	17 761	30 459	43 430	58 572
	3 号试件	405	932	1 263	1 762	2 991	4 169	5 530	16 907	26 064	35 573	46 120
	4 号试件	535	1 074	1 659	2 259	3 139	4 252	5 324	14 542	21 299	28 707	37 197

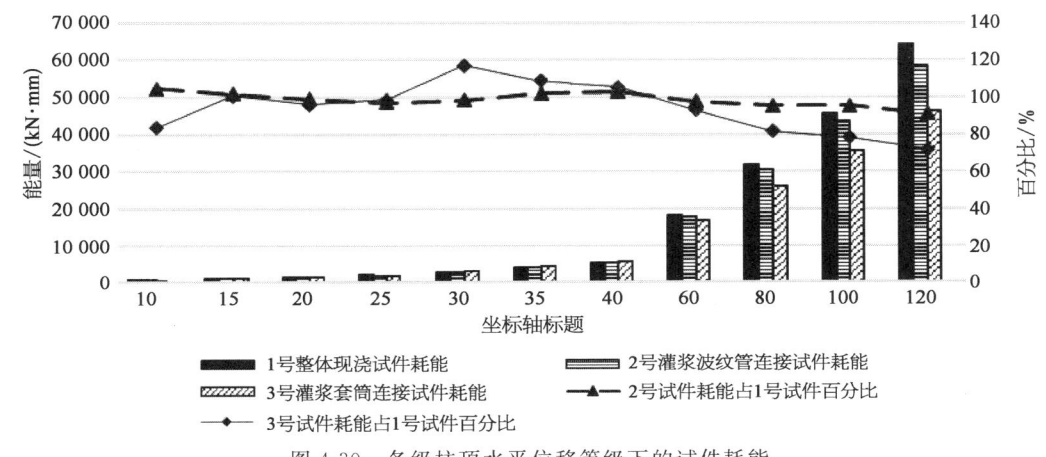

图 4.30 各级柱顶水平位移等级下的试件耗能

6) 应变相应

(1) 纵筋应变。试件柱底所受弯矩最大,此处纵筋应变也相对较大。分别取各试件 N1+0 和 S1+0 测点处纵筋应变。应变滞回曲线如图 4.31 所示。从中可以看出:1 号试件、2 号试件和 3 号试件,N 侧和 S 侧纵筋应变的对称性较好,加载初期,各试件柱底纵筋应变滞

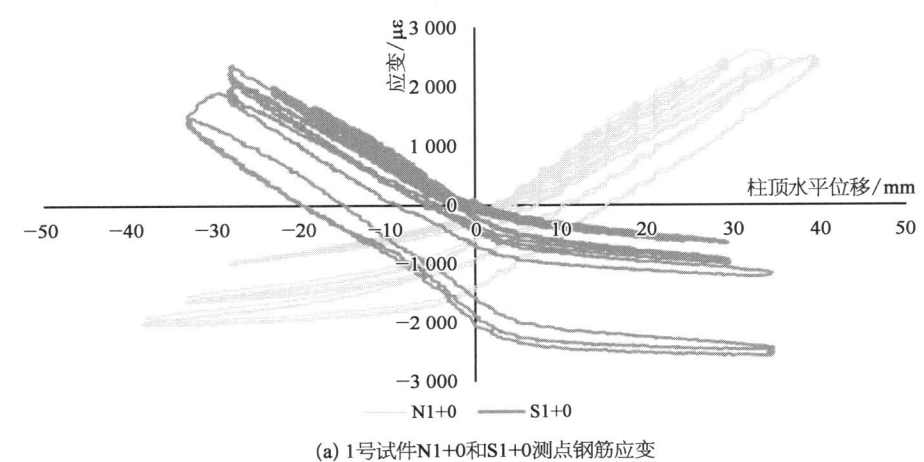

(a) 1 号试件 N1+0 和 S1+0 测点钢筋应变

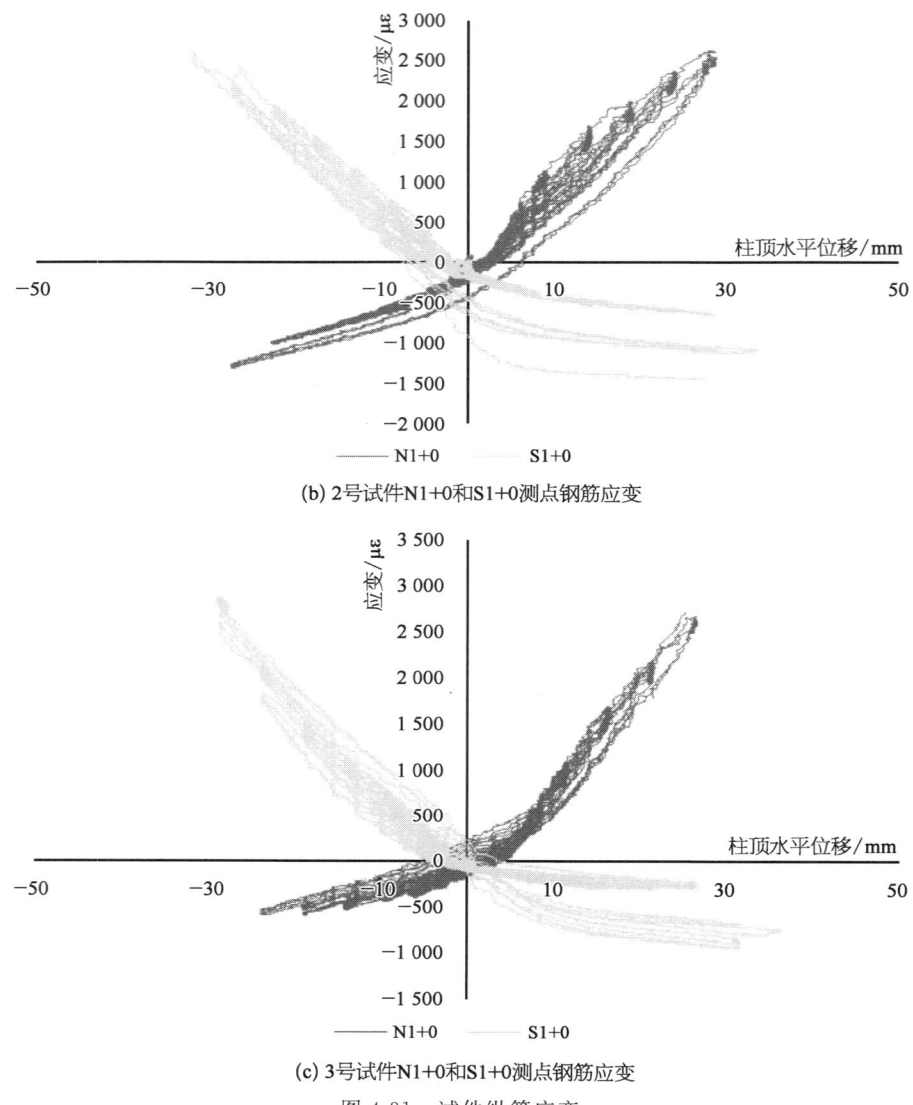

(b) 2号试件N1+0和S1+0测点钢筋应变

(c) 3号试件N1+0和S1+0测点钢筋应变

图4.31 试件纵筋应变

回环狭窄细长,卸载后钢筋的残余变形较小,曲线的斜率基本不变。N1+0测点和S1+0测点达到钢筋屈服应变(2 000 με)时,3个试件对应的柱顶水平位移均在20~25 mm。

（2）套筒和波纹管应变。图4.32为纹管和套筒在每级荷载下峰值位移时的应变,从中可以看出,在整个加载过程中,所有试件的套筒和波纹管应变都较小,均未达到屈服应变。

通过对整体现浇试件、灌浆套筒连接试件、灌浆波纹管连接试件3个试件的拟静力试验,对各试件的承载力、抗震性能进行了详细分析。

对比1号试件、2号试件和3号试件,可以得出以下结论:①3个试件最终的破坏模式均为大偏心压破坏,且灌浆套筒连接试件、灌浆波纹管连接试件的骨架曲线与现浇试件基本相同,3个试件承载力相当,且均能满足设计要求;②3个试件均表现出较好的延性,刚度退化规律基本相同,在耗能能力方面,两个预制试件稍弱于整体现浇试件,且预制灌浆波纹管连接试件的耗能能力优于预制灌浆套筒连接试件。

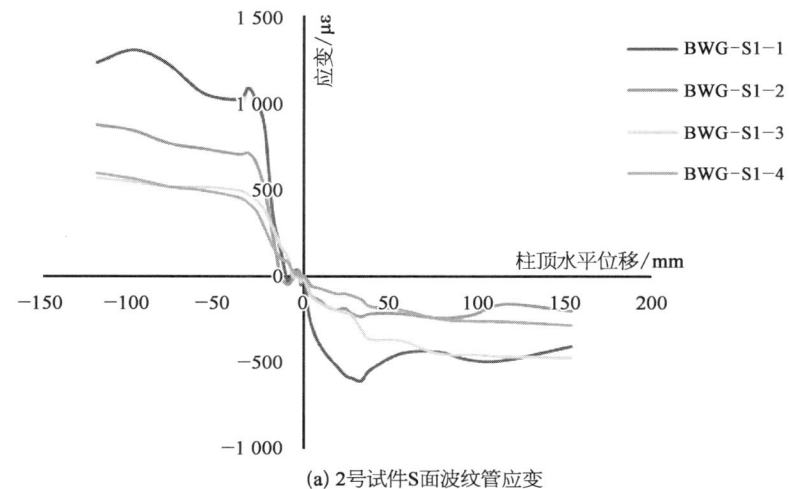

(a) 2号试件S面波纹管应变

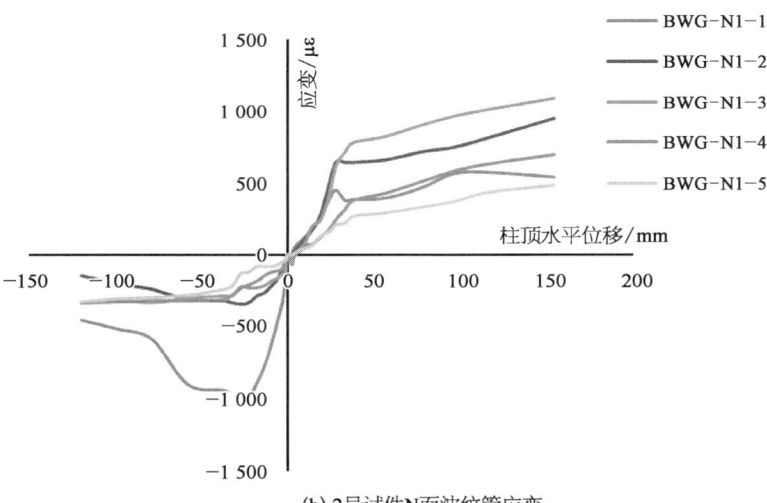

(b) 2号试件N面波纹管应变

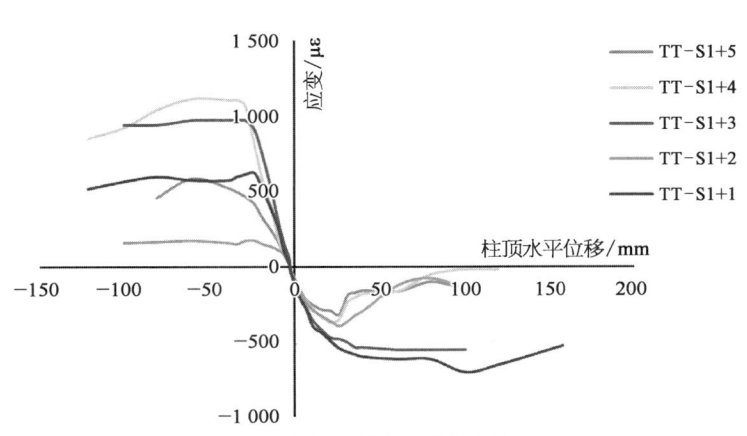

(c) 3号试件S面套筒应变

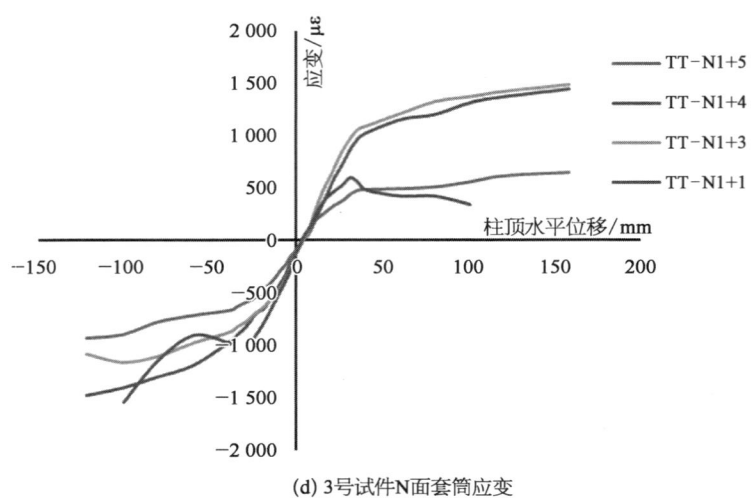

(d) 3号试件N面套筒应变

图4.32 波纹管和套筒应变

4.3 基座与管片的连接力学试验

4.3.1 试验方案

1）试验目的

验证基座与管片之间垂直于管片的植筋方案能否满足工程需求。

2）试件设计

为了验证基座与管片之间垂直于管片的植筋方案能否满足工程需求，设计了4号考虑植筋基座的灌浆套筒连接试件。该试件除了基座部分与3号试件不同之外，其余部分与3号试件完全相同（图4.33）。4号试件基座的横向尺寸完全按照实际情况制作，基座高度取2 217 mm，基座分圆弧面上、下两部分，先用C60混凝土浇筑圆弧面以下部分，用于模拟管片混凝土，而后进行凿毛植筋，植筋方案与设计方案一致。最后再用C50混凝土浇筑圆弧面以上部分，用于模拟柱底部基座。

3）加载方案

试验加载方案与1号试件、2号试件、3号试件完全相同。

4）观测方法

试验的观测内容与3号试件基本相同，主要包括测绘试件的破坏特点、测定试件的力-位移曲线和应变测量。此外，4号试件还要观察基座植筋应变。测点布置如图4.34所示。

4.3.2 试验现象

如图4.35所示，位移等级为10 mm时，N面出现了两道水平裂缝，裂缝位置距柱底分别

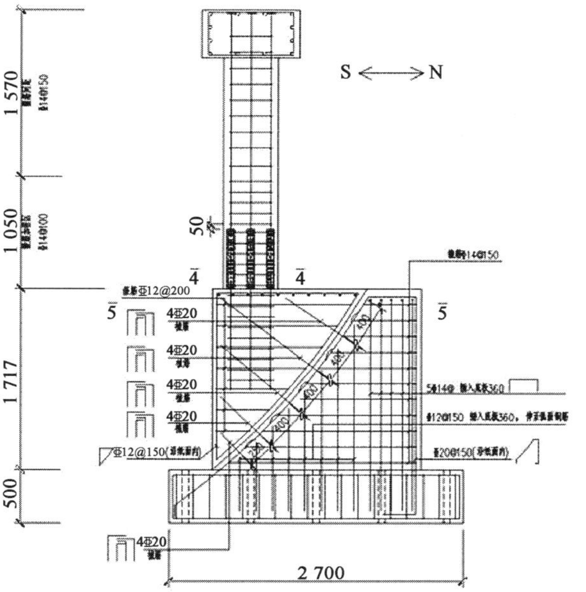

(a) 4号试件

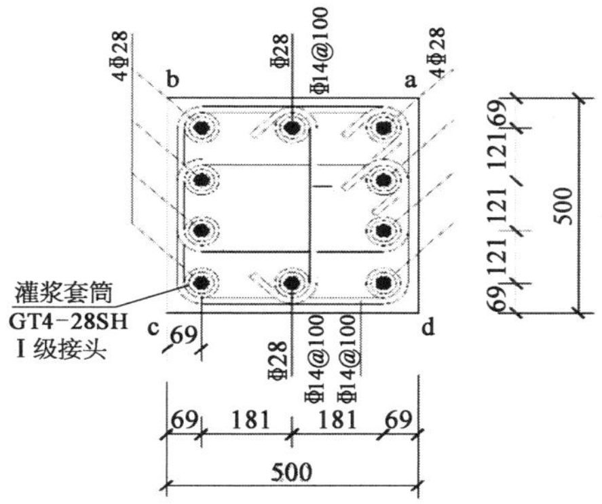

(b) 4-4剖面

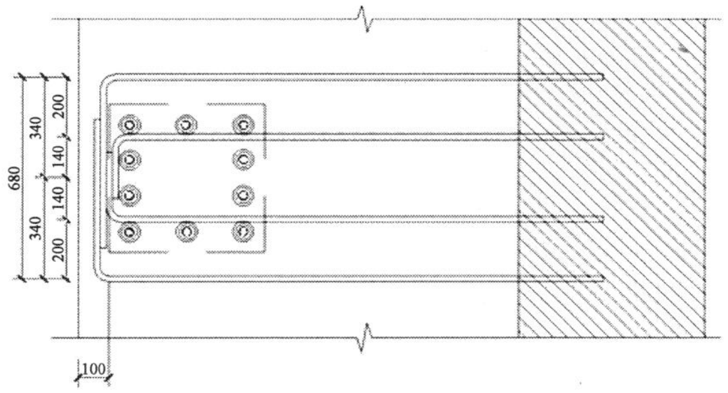

(c) 5-5剖面

图 4.33 试件配筋图

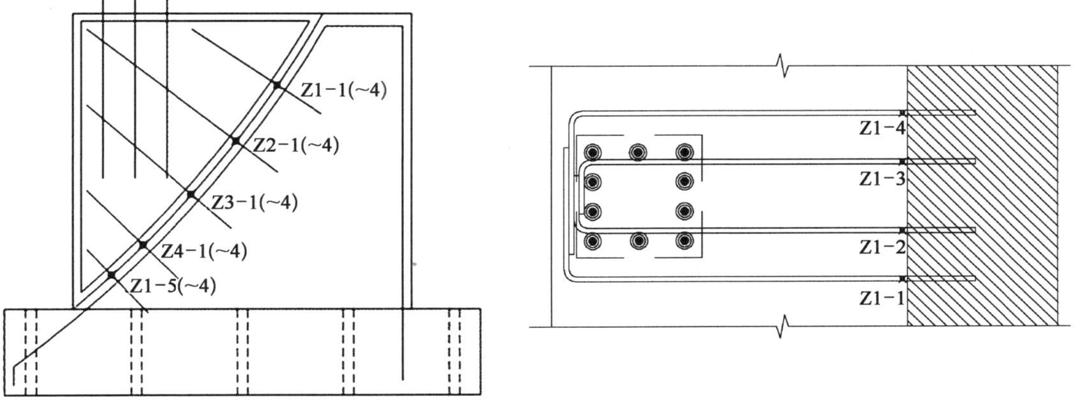

图 4.34 观测布点

第4章 连接节点形式与力学性能

约为550 mm（套筒区域正上方）、775 mm。其中，距柱底550 mm处裂缝宽带最大，为0.16 mm；另一条裂缝宽度为0.02 mm。在此荷载等级下，S面出现一道水平裂缝，距柱底约550 mm，裂缝宽度为0.29 mm。

位移等级达到20 mm时，在E面和W面上开始出现斜裂缝。随着位移等级增加，N面和S面的水平裂缝继续增多加宽，但宽度最大的裂缝始终是距柱底约550 mm处的裂缝。尤其是S面，当位移等级为40 mm时，此裂缝宽带达到了7 mm。

位移等级为100 mm时，柱底角部附近出现混凝土压碎剥落现象，N面上距柱底550 mm附近的N面和W面交接处的混凝土也出现剥落。在此位移等级下，S面上距柱底550 mm的裂缝张开近20 mm。

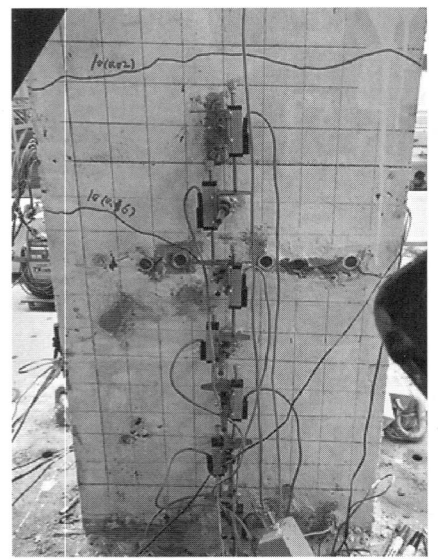
(a) N面（位移等级10 mm）

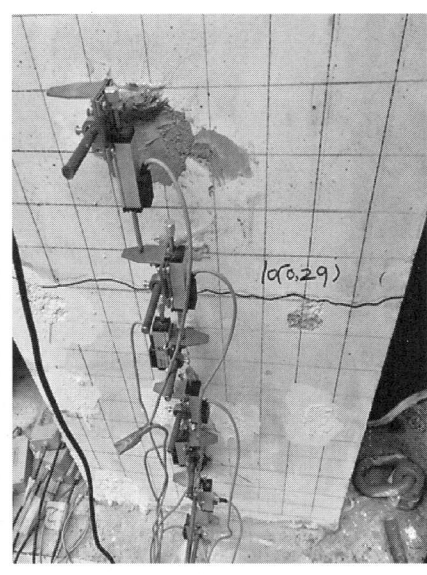
(b) S面（位移等级10 mm）

(c) N面（位移等级40 mm）

(d) S面（位移等级40 mm）

(e) W面（位移等级40 mm）　　　　(f) E面（位移等级40 mm）

(g) N面（位移等级120 mm）　　　　(h) S面（位移等级120 mm）

图 4.35　4 号试件破坏过程

整个试验过程中，植筋基座未观察到明显现象，肉眼无法观察到裂纹产生。

4.3.3　试验结果分析

通过试验现象无法完全判断管片植筋的可靠性，需进一步分析植筋的应变情况，图 4.36 分别为每排植筋在每级荷载下峰值位移时的应变。从中可以看出，在整个试验过程中，第四、五排植筋只有压应变。在柱顶水平力为正向（N→S）时，第一、二、三排植筋承受拉力。总体来说，第一、二排植筋拉应变大于第三排植筋。除了第二排的 Z2-2 植筋之外，所有植筋最大应变均在 1 500 με 之下,未达到屈服应变(2 000 με)。对于 Z2-2 植筋,其达到屈服应变(2 000 με)时对应柱顶水平位移为 60 mm。此时柱顶水平力为 323 kN,大于设计值 189.1 kN。这说明,植筋方案可靠,满足工程要求。

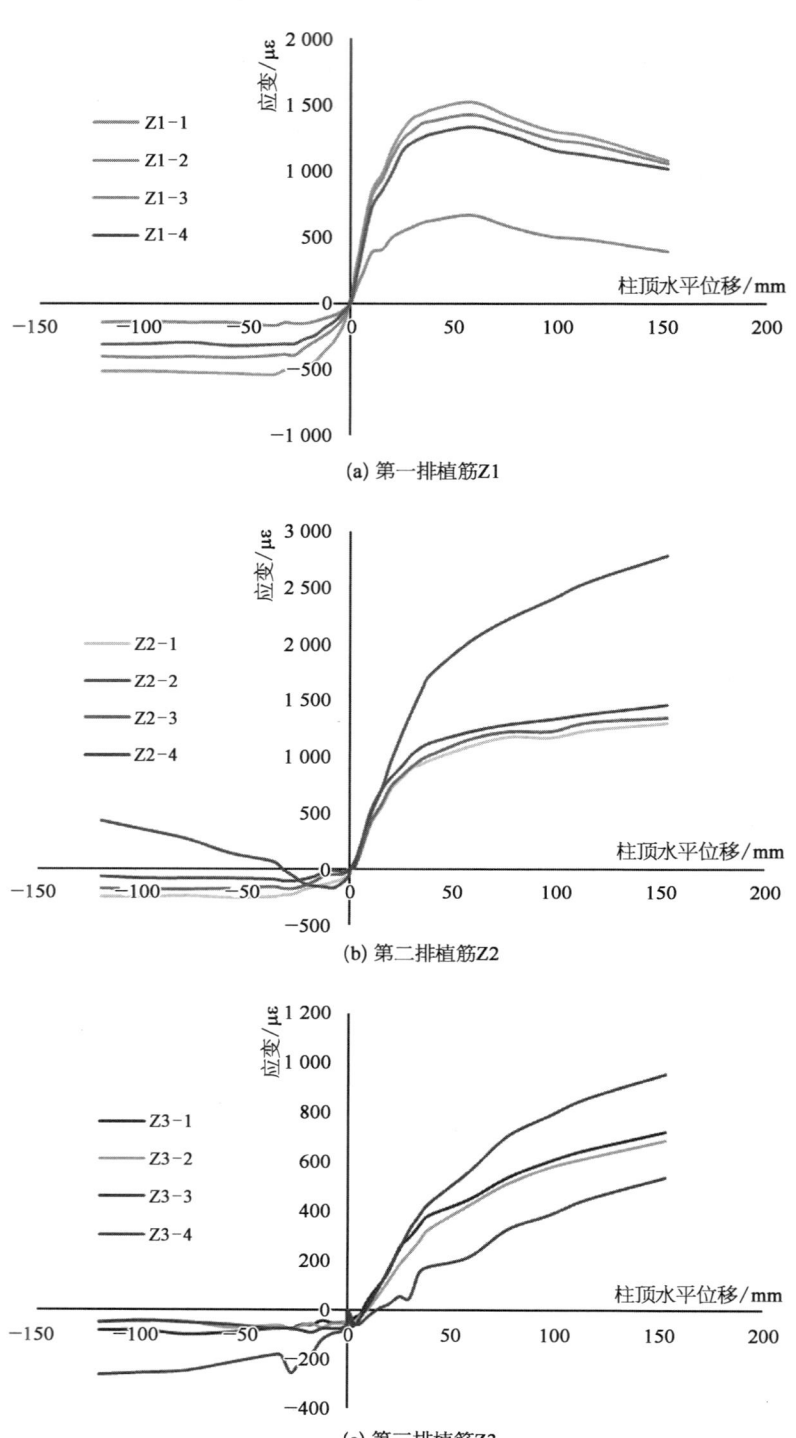

(a) 第一排植筋 Z1

(b) 第二排植筋 Z2

(c) 第三排植筋 Z3

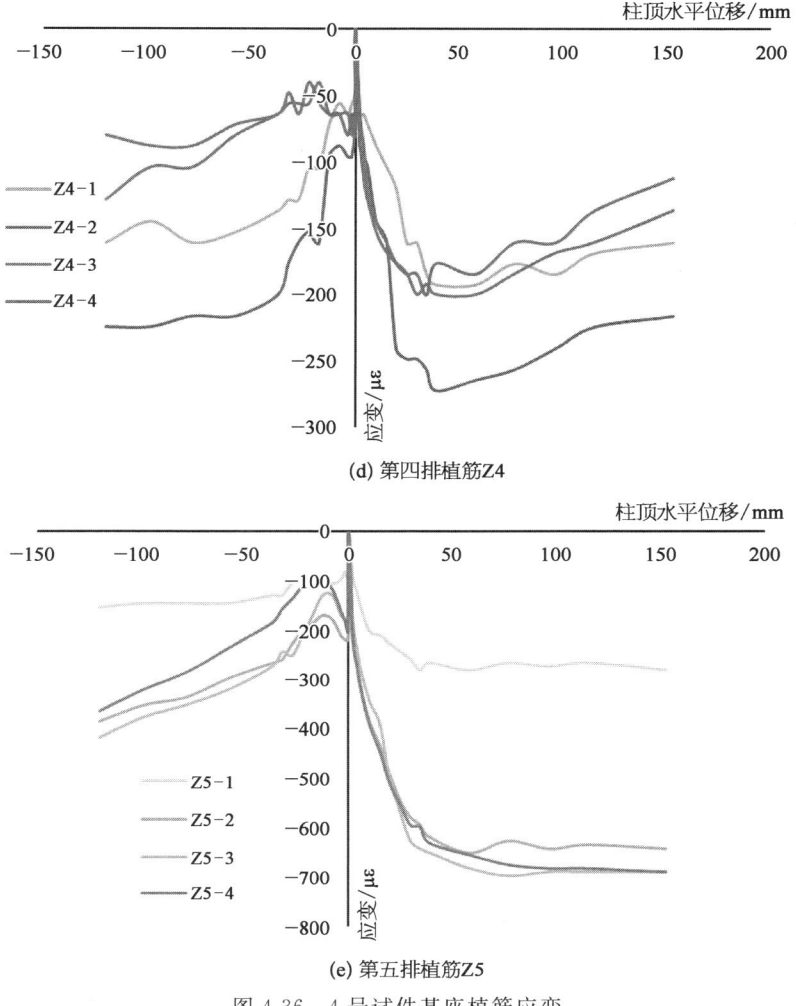

图4.36 4号试件基座植筋应变

通过对考虑植筋基座的灌浆套筒连接试件的拟静力试验,可以得出以下结论:

(1)灌浆套筒质量对试件性能至关重要,当注浆质量较差时,可能导致试件内套筒过早发生黏结滑移破坏,使试件承载力大大降低。

(2)基座内垂直管片的植筋方案满足设计要求。

4.4 梁-柱接头试验研究

4.4.1 试验方案

1)试验目的

根据工程需要,针对上部梁-柱连接节点,提出以下研究目标:

(1)研究节点区后浇不同混凝土材料(常规混凝土、高强混凝土、活性粉末混凝土)、主筋采用不同连接形式(焊接、搭接)情况下,整体试件的极限承载力和破坏形态。

本工程目前拟采用的是主筋焊接、节点区后浇常规 C60 混凝土的设计方案;而主筋搭接的形式下,考虑采用高强混凝土、活性粉末混凝土来替代 C60 混凝土。通过对比试验,考察后一种试验的极限承载力和破坏形态是否达到设计要求。

(2)进一步验证特定工况下整体试件的承载力、刚度、裂缝开展情况。通过更接近实际工程方案的静力试验,重复测试以验证其承载力、刚度、裂缝开展情况均满足设计要求。

2)模型简化

根据上述试验目的,通过两个阶段的试验来实现上述两个目标。第一阶段试验旨在对比不同材料中钢筋的握裹能力以选出可能符合工程设计要求的若干种材料;第二阶段试验旨在验证该种材料的可靠性和稳定性。

由于后浇接头周围涉及梁、板、柱等多种结构,且接头本身处于弯、剪、扭的复合作用下,使原结构难以直接复制用于试验,必须对其进行简化。

尽管接头在实际中处在复合受力状态下,但钢筋作为一种一维受力材料,只可能承受拉、压两种力。本工程中,如果能够验证接头搭接钢筋在承受足够大的拉力作用下,钢筋不会发生因握裹力不足导致黏结滑移破坏,就可以证明设计的合理性。因此,可以让接头区域处于单纯的受拉或者受弯状态,而不考虑剪、扭以及其他构件的参与,以实现模型的简化。

因此,此时试验的简化可有两种思路:一种是钢筋的锚固拉拔破坏试验,用于测试钢筋在特定材料中的握裹承载力;另一种是整体构件的纯弯试验,通过截面弯矩来反映钢筋和材料的协同工作能力。

然而,钢筋在锚固拉拔试验中的工作状态与钢筋搭接时有所不同。这是由于实际设计中,相邻钢筋的搭接间距较小,尚不足一倍钢筋直径,导致材料对钢筋的握裹力有所削弱,因此采用纯弯试验更符合实际设计方案。

针对第二个试验目的,设计第二阶段的验证组试验。在第一阶段的试验之后,选择符合初步要求的材料,再行验证。第二阶段试验的试件需要更为贴近实际工程设计,但又不能完全复制原来的设计方案,否则过于复杂。因此,考虑保证接头区域的配筋方案与设计方案一致,在第二阶段的试验中采用保留梁、节点、柱头的 T 形试件,倒置加载。

3)试件设计

根据上述试验目的,提出了单梁纯弯承载力试验与带柱头的 T 形构件承载力试验两套试验方案。单梁的纯弯试验用于考察对比不同节点区工况之间的极限承载力和破坏形态;带柱头的 T 形构件的承载力试验用于验证某一特定工况构件的承载力、刚度和裂缝开展情况。

(1)单梁纯弯承载力试验。单梁纯弯承载力试验共设计了 5 根单梁试件,如表 4.6、图 4.37 所示。其中 1 号试件为钢筋焊接、后浇 C60 混凝土的基本试件;2 号试件、4 号试件分别为钢筋搭接、接头后浇苏博特提供的掺钢纤维后强度达到 80 MPa 和 100 MPa 立方体抗压强度的试件;3 号试件为钢筋搭接、接头后浇小市政提供的掺钢纤维后强度达到 100 MPa 立方体抗压强度的试件;5 号试件为钢筋搭接、后浇常规 C80 混凝土的试件。每个试件均由三部分组成:接头两侧的两根长 3.5 m 的预制梁及长 0.5 m 的接头本身。所有试件纵筋和箍筋等级均为 HRB400,预制梁浇筑的混凝土等级为 C50。整个试件的尺寸为 7 500 mm×500 mm×1 000 mm。

1 号试件节点内主筋的焊接长度与规范要求的最小长度一致,取 10 d;中间腰筋搭接,搭接长度尽量取长(图 4.38)。

表 4.6 纯弯承载力试验试件

试件编号	纵筋连接方式	梁纵筋	梁箍筋	接头材料
1	焊接	受拉区 5φ28；受压区 4φ20	4×φ12@200	C60
2	搭接			SFRC100(A)
3	搭接			C80
4	搭接			SFRC80
5	搭接			SFRC100(B)

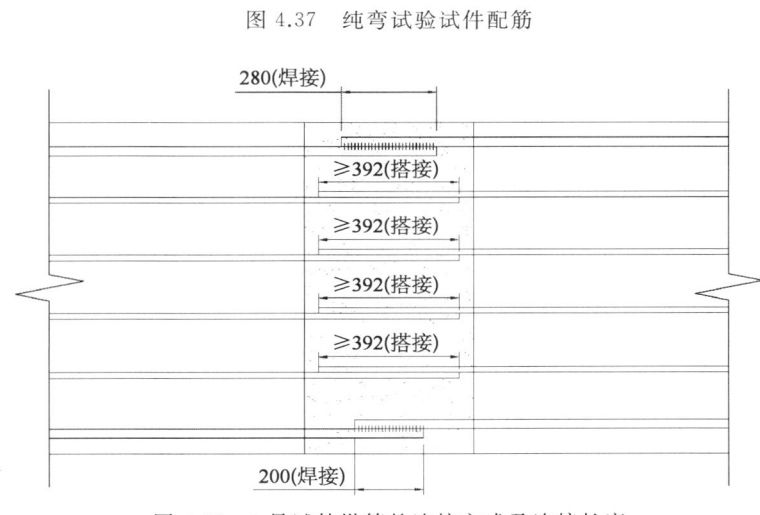

图 4.37 纯弯试验试件配筋

图 4.38 1 号试件纵筋的连接方式及连接长度

2～5 号试件节点内主筋的搭接长度按最不利施工工况考虑，取 10 d(图 4.39)。

(2) T 形构件承载力试验。每个 T 形构件由四部分组成：接头两侧的两根长 1.75 m 的预制梁、一根长 0.7 m 的柱头及中间的后浇接头。所有试件纵筋和箍筋等级均为 HRB400，预制构件浇筑的混凝土等级为 C50。试验共包含了 4 个试件，其中 6 号试件为基本试件：纵

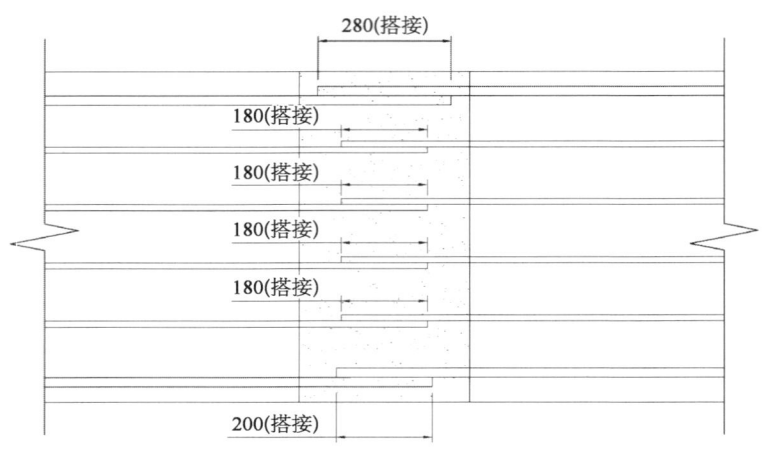

图 4.39 2~5 号试件纵筋的连接方式及连接长度

向主焊接、节点区后浇 C60 混凝土;另外 3 个均为主筋搭接、节点区后浇 SFRC100(A)材料的试件(7~9 号),在相同的条件下同批次浇筑 3 个,重复测试三次,详见表 4.7。

表 4.7 T 形构件设计

试件编号	纵筋连接方式	梁纵筋	梁箍筋	接头材料
6	焊接	受拉区 5ϕ28; 受压区 5ϕ28	见原设计方案	C60
7~9	搭接			SFRC100(A)

为了尽量接近实际工程的结构形式,T 形构件保留了柱头,梁、柱内的配筋方案均与实际设计方案保持一致,如图 4.40 所示。关于 T 形构件节点区钢筋的连接形式,与纯弯试验

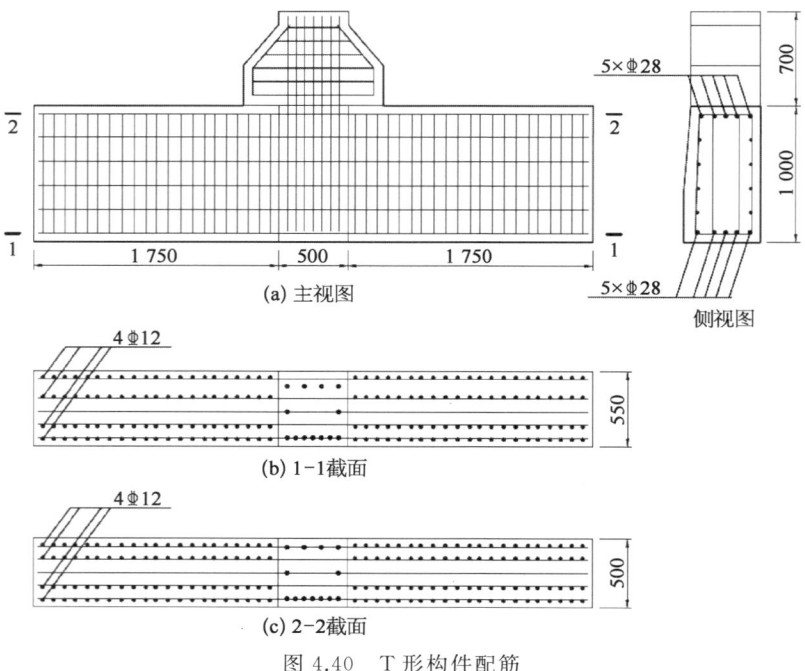

图 4.40 T 形构件配筋

的试件保持一致。

4)加载方案

(1)单梁纯弯加载方案。为了更好地观察节点内部纵筋的受力情况与节点附近的破坏形态,在试件梁的中部构造一个纯弯段,确保接头处于仅有弯矩而无剪力的纯弯区域,分配梁与试件的支座条件均为简支,如图4.41所示。

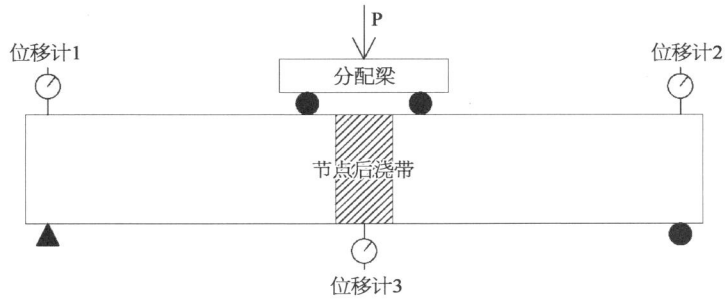

图4.41 纯弯试验加载简图

试件加载采用同济大学嘉定校区地震工程馆的静力试验系统。竖向荷载由加载吨位为1 500 kN的千斤顶提供,千斤顶的加载中心对准分配梁上部翼缘的形心位置,分配梁的形心又与接头上部的形心对准。其反力系统由竖向反力架及支撑在反力架上的钢横梁构成,如图4.42所示。

图4.42 加载装置

试验采用荷载控制的分级加载制度。首先,千斤顶逐渐加力到初裂荷载附近(约150~200 kN),暂停加载。然后以150 kN为一级别,继续加力到300 kN、450 kN,暂停加载。继续加力到钢筋接近屈服的荷载700 kN时,暂停加载。之后以100 kN为一级,继续加载至800 kN、900 kN,暂停加载。最后加载直到试件彻底破坏。

(2)T形构件加载方案。为了更准确地模拟实际工程方案,保留了设计方案中立柱的柱头及其内部的配筋,并将试件倒置于支座上加载,以模拟实际情况下立柱对梁两节点产生的反力,从而验证构件的安全性和适用性[图4.43(a)]。试件加载采用同济大学嘉定校区地震工程馆的静力试验系统。竖向荷载由加载吨位为 4 000 kN 的千斤顶提供，作用于试件的柱头底部，其反力系统由竖向反力架及支撑在反力架上的钢横梁构成[图 4.43(b)]。

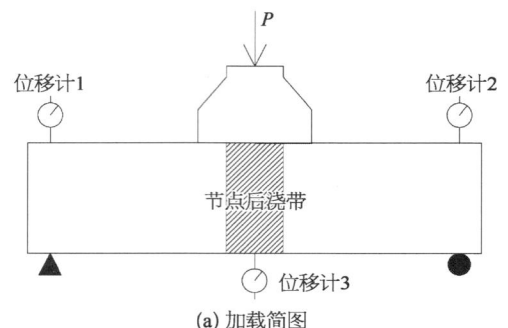

(a) 加载简图

(b) 现场加载

图 4.43 加载装置

试验采用荷载控制的分级加载制度。首先，千斤顶逐渐加力到初裂荷载附近（约 300～400 kN），暂停加载。然后加力到最大缝宽约 0.2 mm 的荷载 700 kN，改为 100 kN 为一级荷载，加载至 900 kN，暂停加载。继续加力到设计荷载 1 200 kN，暂停加载，观察裂缝开展情况。继续加力到钢筋接近屈服的荷载 1 600 kN 时，暂停加载。之后以 200 kN 为一级，加载直到试件彻底破坏。

4.4.2 试验现象

1) 1 号试件（图 4.44）

荷载等级达到 450 kN（跨中弯矩 686 kN·m）时，在节点与预制构件的接缝处开始观察到裂缝，最大缝宽达 0.19 mm。随着荷载的增加，裂缝沿着接缝逐渐竖直向上蔓延。

荷载等级达到 700 kN（跨中弯矩 1 068 kN·m）时，节点内部的 C60 混凝土开始出现竖直的裂缝，但数量很少。此时两侧预制构件的底部已经出现较多裂缝，接缝处的裂缝最大宽度已达 0.67 mm。

荷载最终加载到 1 210 kN（跨中弯矩 1 845 kN·m）时，试件发出巨大声响，内部受拉钢筋断裂；最长的裂缝已延展至距梁顶约 20 cm 的位置。此时接头内部区域仍相对完好，裂缝

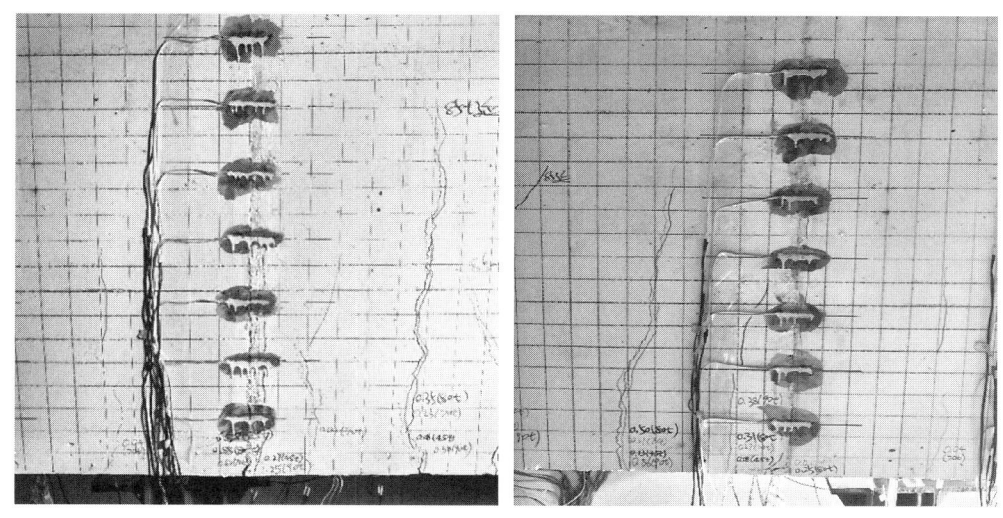

图 4.44　1 号试件裂缝图

数量不多、宽度不大。

2）2 号试件（图 4.45）

荷载等级为 450 kN（跨中弯矩 686 kN·m）时，预制构件上的裂缝数量已经明显增多，并已经蔓延至中性轴附近，最大缝宽约 0.19 mm；接头与预制构件的交界面上出现沿着交界面发展的竖向裂缝；接头内部仍未出现裂缝。

荷载等级达到 700 kN（跨中弯矩 1 068 kN·m）时，接头内部出现了一条宽度仅 0.02 mm 的裂缝；预制构件已经出现较为密集的裂缝，最大缝宽达 0.29 mm。

荷载最终加载到 1 139 kN（跨中弯矩 1 737 kN·m）时，试件发出巨大声响，内部受拉钢筋断裂；最长的裂缝已延展至离梁顶约 20 cm 的位置。此时接头内部区域仍相对完好，裂缝数量不多、宽度不大。裂缝最明显的位置位于接缝处及预制构件上靠近接头的位置（距交界面约 30 cm，纯弯段边缘）。

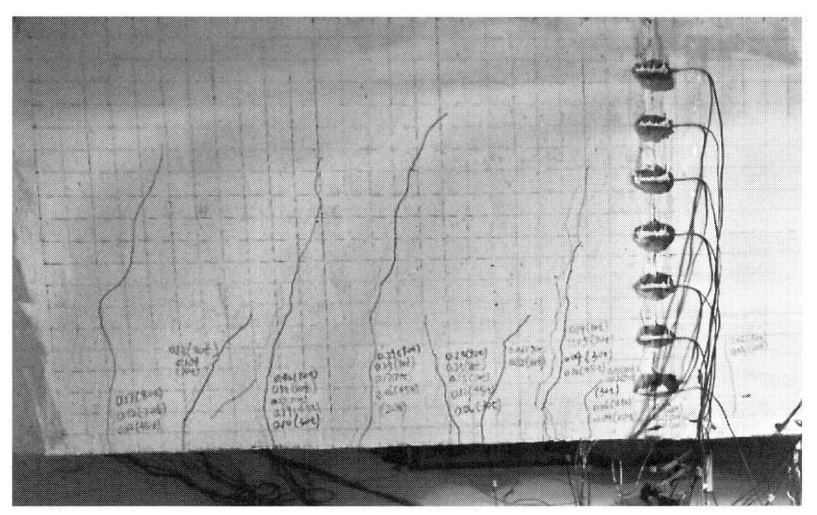

图 4.45　2 号试件裂缝图

3) 3 号试件(图 4.46)

荷载等级为 300 kN(跨中弯矩 458 kN·m)时,预制构件上出现少许细微裂缝,接头内部区域已经开始出现裂缝,接头与预制构件交界面裂缝的最大缝宽已达 0.23 mm。接头内部仍未出现裂缝。荷载等级为 450 kN 时,预制构件上陆续出现多条裂缝;交界面的裂缝最宽处已达 0.38 mm;接头内部已经出现两条裂缝,且其中较长的一条长度已达 40 cm,另一条宽度已有 0.15 mm。

荷载最终加载到 591 kN(跨中弯矩 901 kN·m)时,千斤顶无法进一步加力,试件变形明显,接头区域接近破碎,被迫停止加载。此时接头区域底部已经出现多条极为明显的大型裂缝,并且该试件的极限承载力尚未达到按规范公式计算得到的预期值。

图 4.46 3 号试件裂缝图

4) 4 号试件(图 4.47)

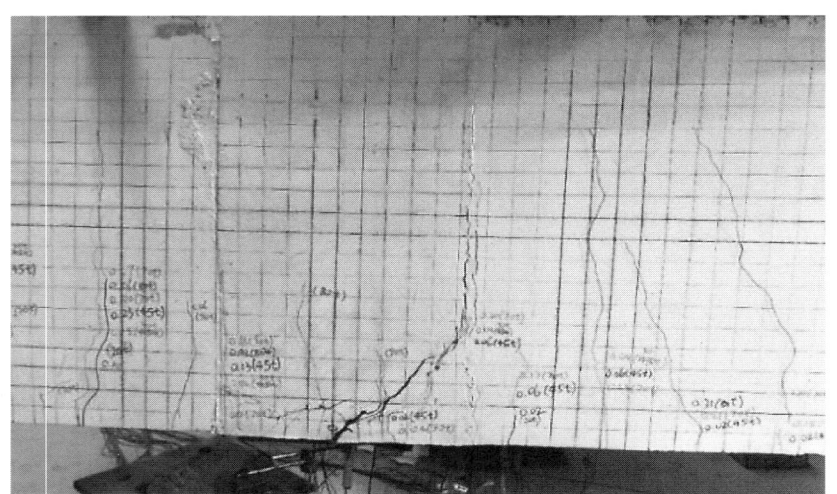

图 4.47 4 号试件裂缝图

荷载等级为 450 kN(跨中弯矩 686 kN·m)时,预制构件上的裂缝数量逐渐增多,并已经蔓延至中性轴附近,最大缝宽约 0.25 mm;接头与预制构件的交界面上出现沿着交界面发展的竖向裂缝;接头内部出现了一条仅宽 0.02 mm 的裂缝。

荷载等级达到 700 kN(跨中弯矩 1 068 kN·m)时,接头内部出现了另一条新裂缝;预制构件已经出现较为密集的裂缝,最大缝宽达 0.50 mm。此时接头与预制构件交界处的裂缝宽度已经达到 0.56 mm。

荷载最终加载到 1 120 kN(跨中弯矩 1 708 kN·m)时,千斤顶无法进一步出力,接头底部出现一道斜向的粗裂缝并与一侧交界面的裂缝连通,梁底跨中混凝土几乎破碎,被迫停止加载。

5) 5 号试件(图 4.48)

荷载等级为 450 kN(跨中弯矩 686 kN·m)时,预制构件上的裂缝数量逐渐增多,并已经蔓延至中性轴附近,最大缝宽约 0.13 mm;接头与预制构件的交界面上出现沿着交界面发展的竖向裂缝,宽度达 0.13 mm;接头内部尚未出现裂缝。

荷载等级达到 750 kN(跨中弯矩 1 144 kN·m)时,接头内部出现了两条裂缝,最宽处约 0.08 mm;预制构件已经出现较为密集的裂缝,最大缝宽达 0.44 mm。此时接缝处的裂缝宽度已经达到 0.40 mm。

荷载最终加载到 1 265 kN(跨中弯矩 1 929 kN·m)时,试件仍未彻底破坏,但最长的裂缝即将贯通至梁顶(距梁顶约 10 cm)。为保证试验安全,避免发生脆性破坏,选择停止加载。此时节点区虽有裂缝开展,但数量不多;最明显的两道裂缝分别位于接缝处及预制构件上距离交界面约 30 cm 处(纯弯段边缘)。

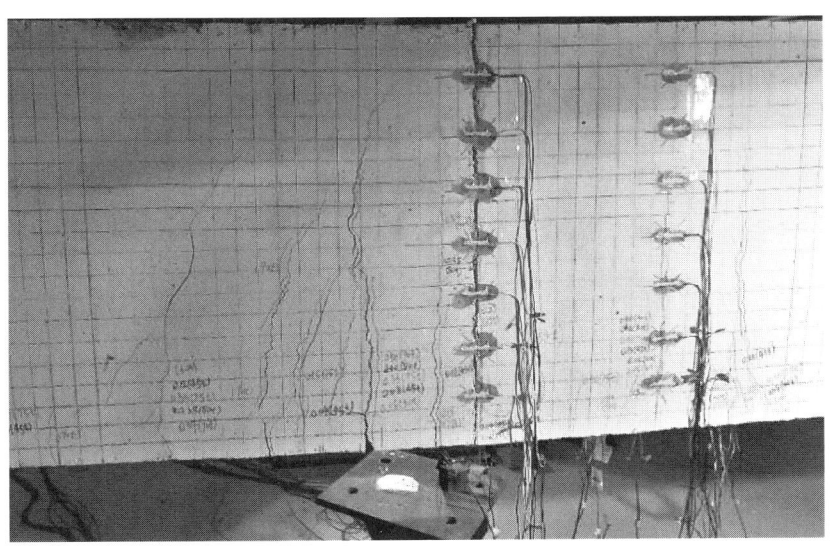

图 4.48　5 号试件裂缝图

6) 6 号试件(图 4.49、图 4.50)

荷载等级达到 350 kN(跨中弯矩 271 kN·m)时,在节点与预制构件的接缝处开始观察到裂缝,最大缝宽 0.02 mm。随着荷载的增加,裂缝沿着接缝逐渐竖直向上蔓延。

荷载等级达到 650 kN(跨中弯矩 504 kN·m)时,接缝处的最大缝宽达到 0.23 mm,两侧

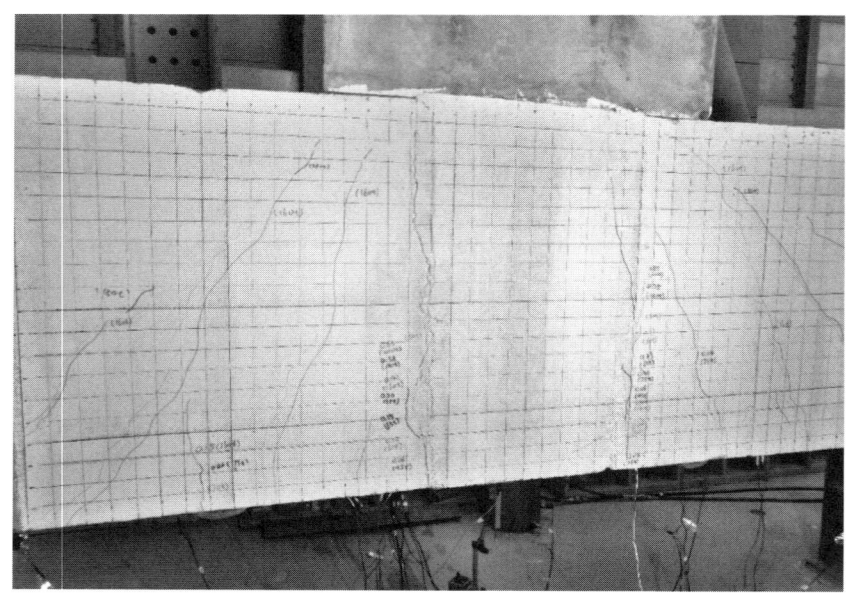

图 4.49 6 号试件裂缝分布图

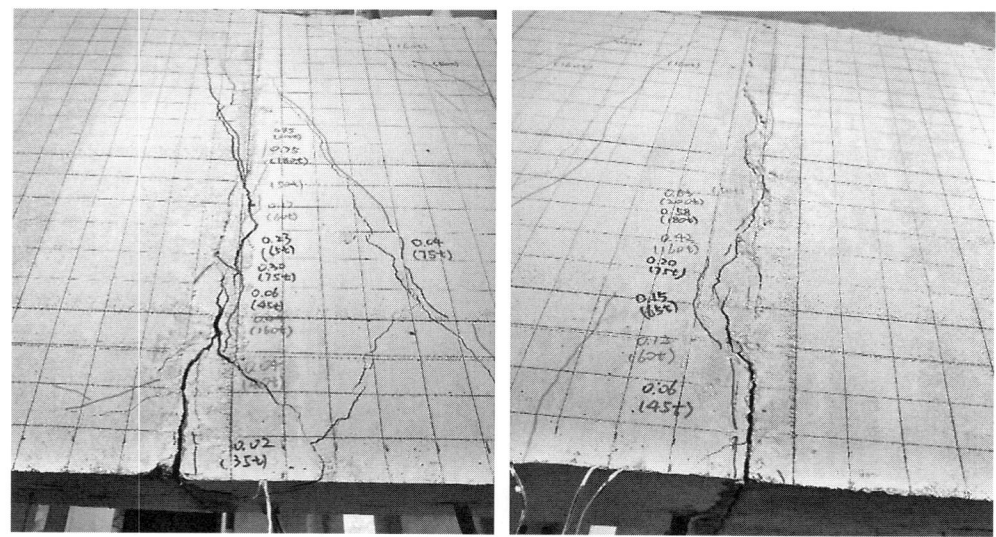

图 4.50 6 号试件接缝位置裂缝图

靠近接缝的预制构件上已经出现少量细小的弯剪裂缝。

荷载等级达到 750 kN(跨中弯矩 581 kN·m)时,接缝处的裂缝宽度达到 0.3 mm,而两侧预制构件上的裂缝依然不多。

荷载等级达到 1 600 kN(跨中弯矩 1 240 kN·m)时,接缝处的最大缝宽已经超过 0.4 mm。两侧预制构件上的弯剪斜裂缝明显增多,并且发展得很长,最长的裂缝已经延伸至距梁顶约 25 cm 的位置。

荷载最终加载到 2 844 kN(跨中弯矩 2 204 kN·m)时,裂缝已经延展至距梁顶约 10 cm

的位置,接近贯通,千斤顶加力困难。为了确保试验安全,停止加载。接缝处的裂缝依然极为明显,而此时接头内部区域仍相对完好,裂缝数量不多、宽度不大。

7) 7~9 号试件(图 4.51~图 4.53)

荷载等级达到 400 kN(跨中弯矩 310 kN·m)时,在预制构件上开始观察到裂缝。

荷载等级达到 700~750 kN(跨中弯矩约 550 kN·m)时,接缝处的最大缝宽达到 0.20 mm,两侧靠近接缝的预制构件上已经出现少量细小的弯剪裂缝。

荷载等级达到约 1 100 kN(跨中弯矩 852 kN·m)时,接缝处的裂缝宽度达到 0.3 mm。

荷载等级达到 1 600 kN(跨中弯矩 1 240 kN·m)时,接缝处的最大缝宽已经超过 0.5 mm,两侧预制构件上的弯剪斜裂缝明显增多,并且发展得很长,最长的裂缝已经延伸至距梁顶约 20 cm 的位置。

荷载最终加载到约 3 100 kN(跨中弯矩 2 402 kN·m)时,裂缝已经延展至离梁顶约 5 cm 的位置,接近贯通,千斤顶加力困难。为了确保试验安全,停止加载。接缝位置处的裂缝已经极为明显,而此时接头内部区域仍相对完好,裂缝数量不多、宽度不大。

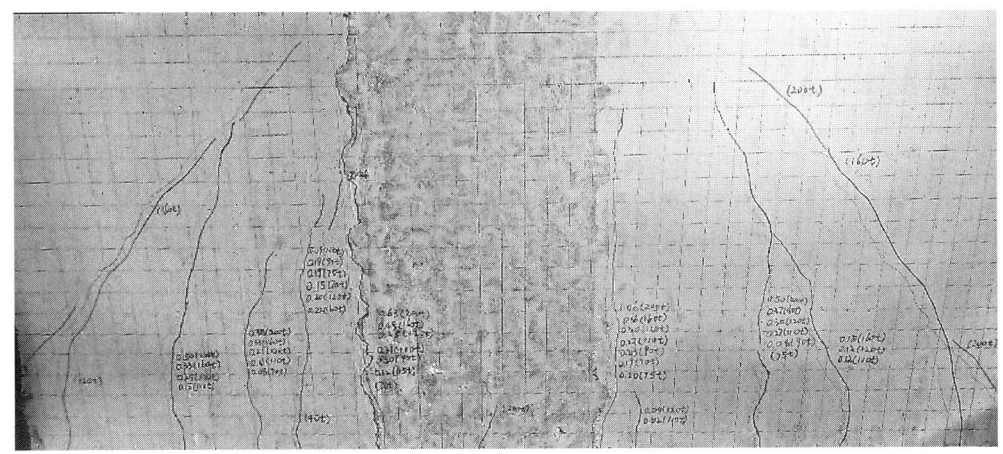

图 4.51　7 号试件接缝位置裂缝图

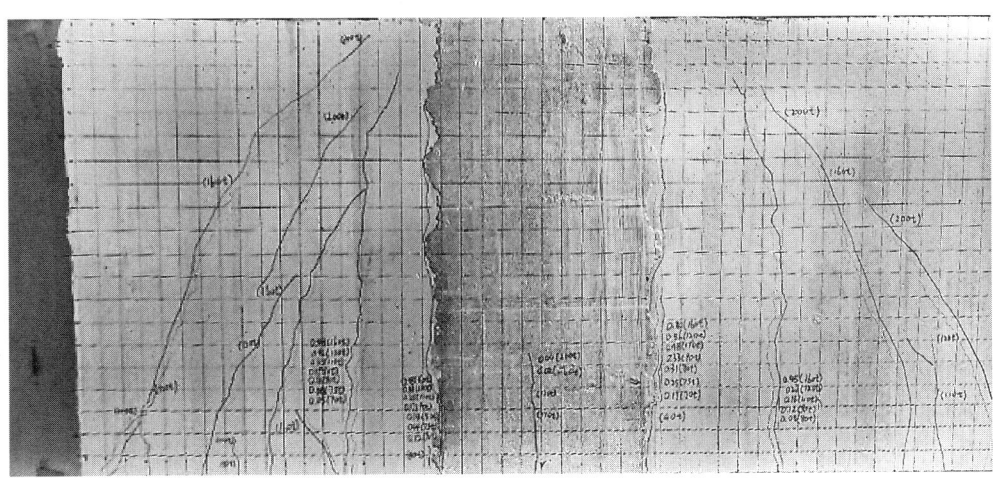

图 4.52　8 号试件裂缝图

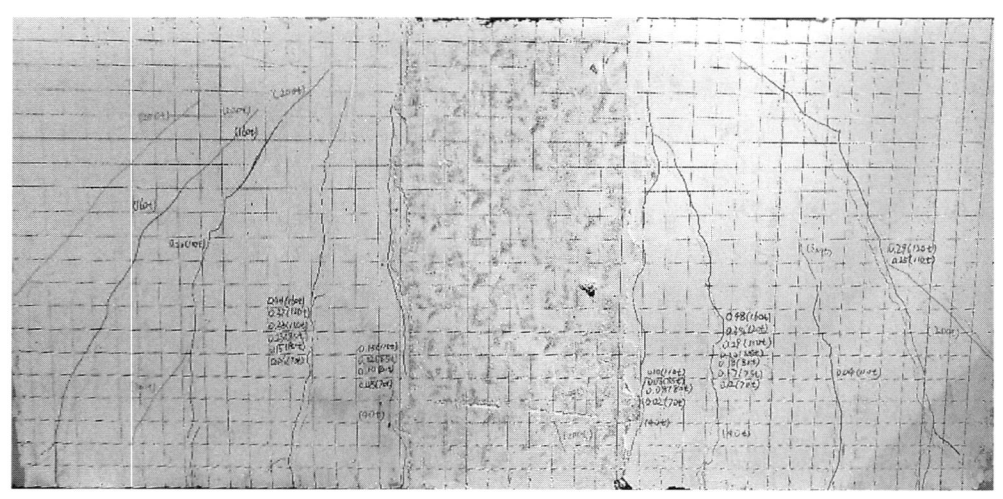

图 4.53　9 号试件接缝位置裂缝图

4.4.3　试验结果分析

1）单梁纯弯试验

（1）荷载-挠度曲线。对比图 4.54 中 5 个试件的荷载-挠度曲线可知，2 号试件、4 号试件、5 号试件在承载力上与 1 号试件相差不多，均能满足要求；3 号试件承载力明显较小，约为 1 号试件的一半。1 号试件、2 号试件、4 号试件、5 号试件在屈服之前的刚度比较接近，1

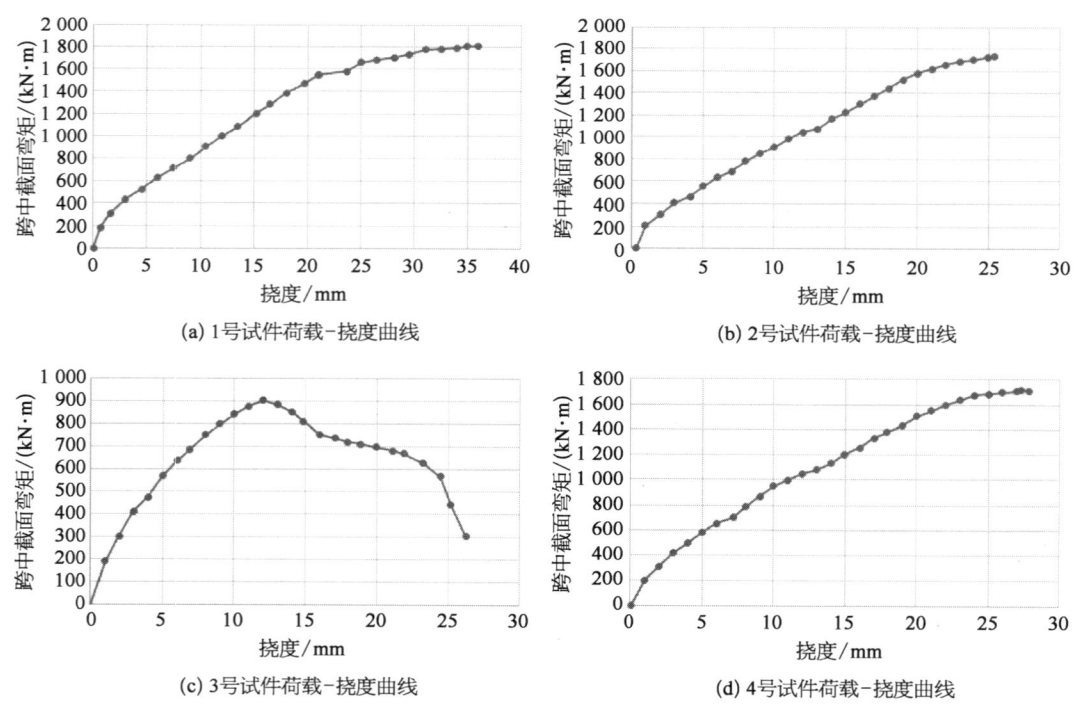

(a) 1 号试件荷载-挠度曲线

(b) 2 号试件荷载-挠度曲线

(c) 3 号试件荷载-挠度曲线

(d) 4 号试件荷载-挠度曲线

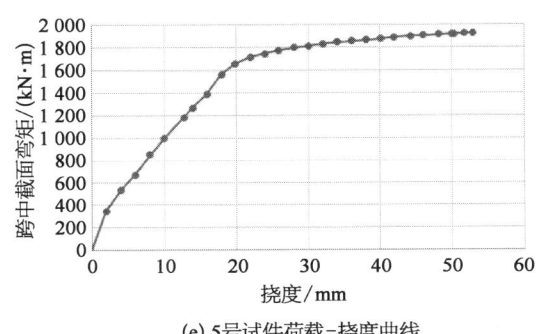

(e) 5号试件荷载-挠度曲线

图 4.54　1~5号试件的荷载-挠度曲线

号试件、5号试件有比较明显的屈服点,而2号试件、4号试件的屈服点不明显。

(2) 钢筋应变。图4.55中列出了1~5号试件的钢筋应变曲线,分别给出了每个试件预制构件内和节点内的主筋应变情况。从中可以看出,随着外荷载的增加,钢筋应变随之增大。然而,1号试件、2号试件、4号试件、5号试件预制构件内主筋应变的增长较节点区更快,当预制构件内的主筋已经屈服时,节点区的主筋应变仍然较小;只有3号试件预制构件内与节点区的主筋应变比较接近。

根据各类规范给出的公式,分别选取材料强度的设计值、标准值、实测值,对初裂、开裂0.2 mm、屈服、极限荷载这几个关键荷载值进行预估,荷载值均已换算成纯弯段内的截面弯矩。

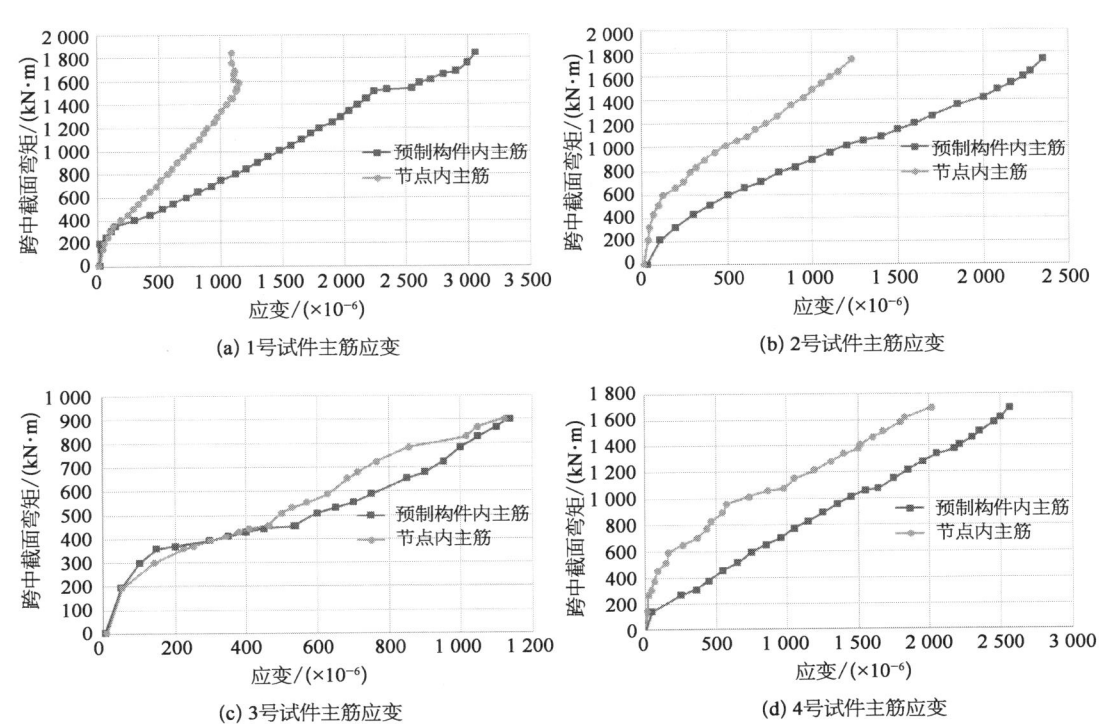

(a) 1号试件主筋应变

(b) 2号试件主筋应变

(c) 3号试件主筋应变

(d) 4号试件主筋应变

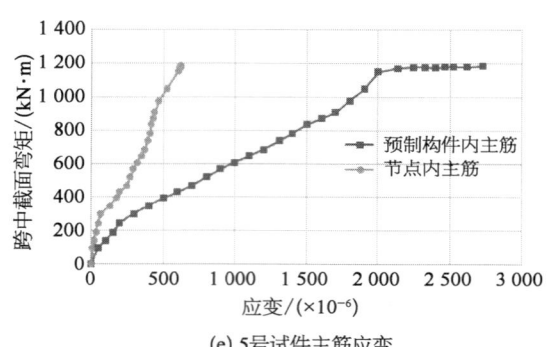

(e) 5号试件主筋应变

图 4.55 1~5 号试件随外荷载变化的钢筋应变曲线

通过对 1~5 号试件的纯弯静力加载试验,得到各试件初裂、开裂 0.2 mm、屈服、极限荷载的试验值,将其与上述对应的预估值进行对比,汇总于表 4.8。

表 4.8 各组试件关键荷载试验值与预估值的对比 （单位：kN·m）

关键荷载	材料强度[1]	预估值[2]	1号试件	2号试件	3号试件	4号试件	5号试件
初 裂[3]	标准值	380	305	305	305	305	305
开 裂[4] 0.2 mm	标准值	628	686 (0.19 mm)	686 (0.19 mm)	458 (0.23 mm)	686 (0.25 mm)	686 (0.13 mm)
屈 服	设计值	988	1 523	1 510	/	1 007	1 600
	实测值	1 278					
极 限	实测值	1 691	1 845	1 737	901	1 708	>1 929

注：1. 材料强度的标准值、设计值按《混凝土结构设计规范》取值；实测值按表 1.5.3 取值。
2. 预估值指接头区域发生左栏中的时间时对应的跨中界面弯矩值。
3. 初裂指出现刚能被肉眼观测到的裂缝,缝宽 0.01~0.02 mm。
4. 开裂 0.2 mm 这一级别的荷载指的是最大缝宽 0.2 mm 时对应的外荷载,试验时由于难以精确记录刚好开裂到 0.2 mm 时的对应荷载。

3 号试件、4 号试件破坏时最明显的裂缝位于节点接头区域内,1 号试件、2 号试件、5 号试件破坏时最明显的裂缝位于接缝处或纯弯段边缘。

另外,根据荷载-挠度曲线可以得到当挠度达到 1/500 净跨(14 mm)时对应的荷载值,如表 4.9 所示。

表 4.9 挠度达到 1/500 净跨时各试件对应的跨中截面弯矩值 （单位：kN·m）

挠 度	1号试件	2号试件	3号试件	4号试件	5号试件
14 mm	1 098	1 167	848	1 130	1 267

2) T 形构件承载力试验

荷载-挠度曲线如图 4.56 所示。

根据各类规范给出的公式,分别对初裂、开裂 0.2 mm、屈服、极限荷载这几个关键荷载值进行预估。

通过对 6~9 号试件的静力加载试验,得到各试件初裂、开裂 0.2 mm、屈服、极限荷载的试验值,汇总于表 4.10。

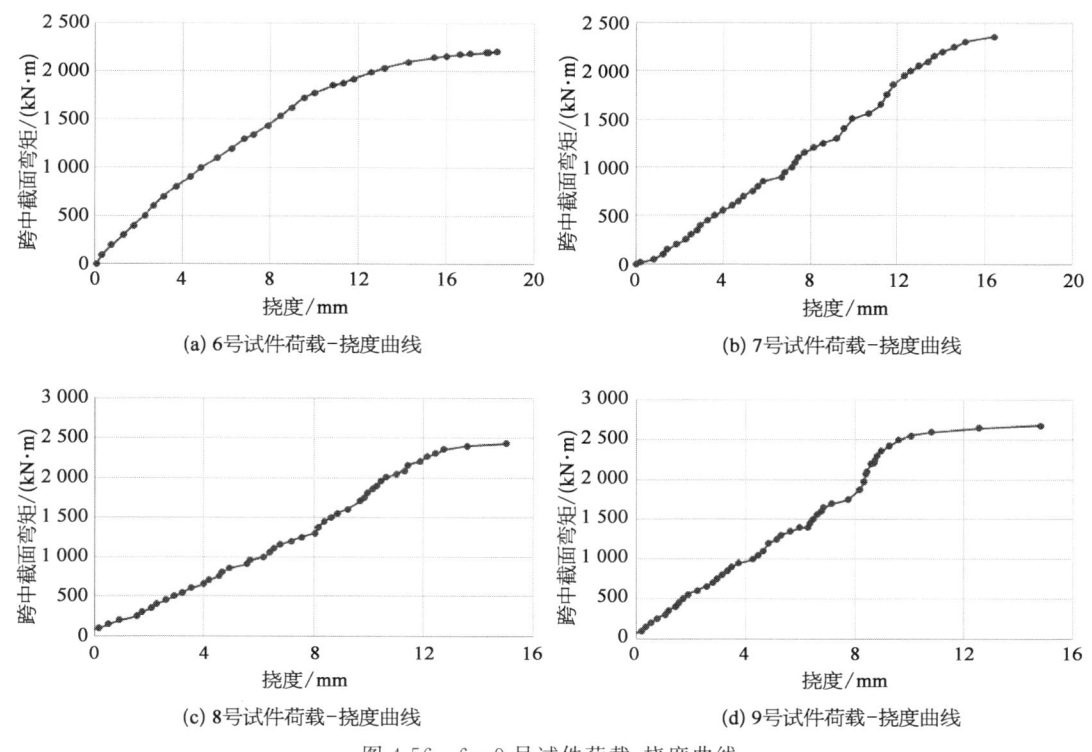

图 4.56　6~9 号试件荷载-挠度曲线

表 4.10　各组试件关键荷载试验值与预估值的对比　　　　　　　　　　　（单位：kN·m）

关键荷载	材料强度	预估值	6 号试件	7 号试件	8 号试件	9 号试件
初 裂	标准值	380	271	310	310	310
开 裂 0.2 mm	标准值	628	504 (0.23 mm)	542 (0.19 mm)	542 (0.19 mm)	659 (0.20 mm)
屈 服	设计值	988	1 738	1 512	1 527	1 666
	实测值	1 278				
极 限	实测值	1 691	2 204	2 358	2 433	2 681

6~9 号试件破坏形式比较类似，最明显的裂缝位于接缝位置；接头区域内部裂缝数量较少，且宽度不大。

另外，根据荷载-挠度曲线可以得到当挠度达到 1/500 净跨（7 mm）时对应的荷载值，见表 4.11。

表 4.11　挠度达到 1/500 净跨时各试件对应的荷载值　　　　　　　　　（单位：kN·m）

挠 度	6 号试件	7 号试件	8 号试件	9 号试件
7 mm	1 639	2 157	1 577	2 147

3）试验结论

（1）单梁纯弯试验。通过 1~5 号五根单梁的纯弯试验，可以得到如下结论：

① 3号试件的极限承载力没有达到预估值。

② 3号试件、4号试件的屈服荷载较小,未能达到预估值。

③ 从裂缝开展情况,3号试件、4号试件的破坏位置位于节点区以内,1号试件、2号试件、5号试件的破坏位置位于接缝处或纯弯段边缘,可以推测前者的破坏原因是节点区材料的握裹能力不足,钢筋发生滑移,后者的破坏形态则满足要求。

④ 从钢筋应变情况来看,1号试件、2号试件、5号试件在达到极限承载力时钢筋已经破坏,而3号试件、4号试件本身先于钢筋发生破坏。

⑤ 从荷载-挠度曲线来看,与1号试件相比,3号试件的挠度发展较快,其他3个试件符合要求。

通过上述结论可知,2号试件、5号试件的接头材料SFRC100(A)及SFRC100(B)符合工程需求,可作进一步研究验证。

(2) T形试件承载力试验。通过6~9号试件的对比验证试验,可以得到如下结论:

① 与基本组合下738 kN·m的设计弯矩相比,6~9号试件的屈服弯矩值均大于设计弯矩,符合工程设计要求。

② 从裂缝开展情况来看,6~9号试件的破坏位置均位于接缝处。

③ 与6号基本试件相比,7~9号试件在关键荷载(初裂、开裂、屈服、极限)上均无较大差异。

④ 从荷载-挠度曲线来看,在相同的荷载下,7~9号试件的挠度与6号试件差异不大。

综合单梁纯弯试验及T形试件验证试验可得出结论,在保证纵筋搭接长度10倍主筋直径的条件下,SFRC100(A)作为本工程纵梁-车道板-立柱后浇接头的浇筑材料是满足工程设计要求的。

CHAPTER 5

第 5 章

成套预制技术

构件的预制与装配技术是城市桥梁预制装配成套技术中非常重要的核心技术,是将试验研究及设计理念转化为工程实体成果的重要步骤。

对于隧道构件预制而言,其精度和质量的保证是实现快速装配的重要前提。同时必须实现标准化、工业化施工,不能采用"量体裁衣"的模式,因此必须摒弃传统的人工随意控制方式,采用自动化数控加工设备、高精度定型胎架、高精度模板、高性能混凝土(配合比、浇筑、养护、凿毛)、先进信息技术等一系列先进技术工艺,建立一座配备上述设备、技术及大量产业工人的现代化预制工厂。

5.1 预制立柱的生产

5.1.1 质量控制标准

结合立柱钢筋模块化施工经验及国内外立柱预制装配的经验,制定了立柱预制的相关要求和原则(表5.1~表5.3),具体内容如下:

(1) 构件预制用钢筋笼胎架、钢筋笼定位板、模板、吊具等设备应根据具体预制工艺和精度要求进行专项设计。

(2) 由于采用预制装配技术,对立柱构件精度要求比传统模式有了大幅度的提升。参照国外预制装配精度控制标准,制定了立柱、盖梁预制构件的加工允许偏差,为±2 mm,包含钢筋、套筒构件成品。因此,应严格控制立柱主要受力钢筋的下料长度,允许偏差为±2 mm,同时钢筋端部应打磨平整;立柱钢筋笼应在专用胎架上制作加工成型,钢筋笼制作允许偏差为±2 mm。

(3) 对于灌浆连接套筒,工厂内安装前应按厂家提供的有效型式检验报告及产品说明书检查套筒外观质量、尺寸和配件等。整体灌浆连接型套筒预制安装端应放入止浆塞,并确保密封牢固。立柱钢筋笼中的灌浆连接套筒应采取加固措施,保证吊装及混凝土浇筑时不发生变形或移位,如灌浆连接套筒现场装配端采用装有定位销的定位板定位,安装允许偏差均为±2 mm。灌浆连接套筒压浆管、出浆管和对应的压浆口、出浆口连接应密封牢固,压浆管、出浆管长度应根据承台、立柱或盖梁尺寸预留准确,并用止浆塞塞紧。灌浆连接套筒与箍筋连接应采用绑扎连接,不得采用焊接连接。构件拆模完成后,应及时检查灌浆连接套筒内腔是否干净通畅,确保无水泥浆等杂物。如有漏浆或杂物,应及时清理套筒内腔。混凝土浇筑前,应再次对立柱钢筋笼及灌浆连接套筒定位进行检查,允许偏差均为±2 mm。

(4) 由于采用工厂化预制,模板周转次数较多,为保证立柱浇筑质量,建议立柱模板进行专项设计,采用面板较厚的钢模板,钢模板应满足刚度、承载能力、稳定性要求,对拉螺杆宜采用高强度精轧螺纹钢。

(5) 立柱如采用水平预制,上表面不容易收光和导致套筒部位混凝土存在不密实现象,因此建议采用竖向预制,混凝土宜一次性浇筑完成。

（6）立柱预制完成后，应对立柱尺寸、灌浆连接套筒定位或钢筋定位进行复测，各向允许偏差均为±2 mm。

表 5.1 预制立柱成品检测

项 目		允许偏差/mm
外形尺寸	长度	±5
	宽度	±5
	高（厚）度	±5
	表面平整度	(0,2)
	对角线	(0,3)
预埋件	灌浆套筒中心位置	(0,2)
	灌浆套筒与混凝土表面高差	±5

表 5.2 钢筋绑扎要求

项 目		允许偏差/mm
钢筋骨架	受力钢筋间距	±10
	长	±10
	宽、高	±5
	箍筋、横向钢筋间距	±10
	保护层厚度	±5
预埋件	灌浆套筒中心位置	(0,2)
	水平高差	±5
	接驳器中心位置	±2

表 5.3 模板安装要求

项 目		允许偏差/mm
模板安装	长度	±3
	宽度	±2
	高（厚）度	±3
	表面平整度	(0,1)
	对角线	(0,2)
预埋件	灌浆套筒中心位置	(0,1)
	灌浆套筒与混凝土表面高差	±3

5.1.2 现场制作工艺流程

1）钢筋及钢筋笼加工制作

钢筋骨架制作，先固定纵向接驳器钢筋于限位装置上，用水平靠尺调整垂直度后将钢筋箍筋与主筋焊接固定，确保接驳器钢筋的垂直度。固定完之后对钢筋笼进行焊接（图 5.1）。

(a) 钢筋骨架定位　　　　　　　　　　　　　(b) 钢筋笼焊接

图 5.1　钢筋笼绑扎

2）钢筋笼入模

钢筋笼合模，先将两端封投板安装固定于底模上，再合龙侧模锁紧，最后调整模具上口拉紧螺栓，将接驳器钢筋固定在钢模之中（图 5.2）。

图 5.2　钢筋笼骨架入模

3）混凝土浇筑

采用 2 m³ 混凝土浇筑料斗运输供料，振动棒引气泡快插慢拔，避开预埋件等位置。平躺式立柱分三层布料，每层布料时，振动棒需插入下层 10 cm 处。再使用消泡机进行振捣，将混凝土内部的气泡充分排出，保证混凝土的密实性和表面的光滑性（图 5.3）。

(a) 混凝土浇筑　　　　　　　　　　　　　(b) 消泡机引出气泡

图 5.3　混凝土浇捣

图 5.4 脱模后进行初次修补自然养护

4）养护脱模

采用立柱专用吊具进行起吊脱模，脱模需满足起吊强度≥75%，起吊后将接驳器钢筋处采用塑料封盖进行封堵。立柱堆放分三层，每层之间使用枕木垫块，保证立柱之间不相互碰撞（图5.4）。

5）吊运及成品保护

立柱入堆场前，需采用包裹塑料薄膜的木方垫至指定位置（垫木需成一直线），立柱两端采用塑料泡沫纸进行棱角保护防撞。出厂前采用专用吊具将立柱装车，专人进行出厂前检验记录（图5.5）。

(a) 堆放

(b) 驳运装车

图 5.5 预制立柱的堆放与运输

5.2 预制车道板的生产

5.2.1 质量控制标准

预制车道板质量控制标准，如表5.4～表5.6所示。

表 5.4 预制车道板成品检测

项	目	允许偏差/mm
	长度	±5
	宽度	±3
	高(厚)度	(+5, −3)
外形尺寸	表面平整度	(0, 5)
	对角线	(0, 7)
	侧向弯曲	$L/750$ 且 ≤20
	翘曲	$L/750$

续表

项　目		允许偏差/mm
预留插筋	中心线位置	(0,5)
	外露长度	±7

表 5.5　钢 筋 笼 定 位

项　目		允许偏差/mm
钢筋骨架	受力钢筋间距	±10
	长	±10
	宽、高	±5
	箍筋、横向钢筋间距	±10
	保护层厚度	±3
预留插筋	中心线位置	(0,3)
	外露长度	±5
预埋件	中心位置	(0,2)
	水平高差	±5

表 5.6　模板安装要求

项　目		允许偏差/mm
模板安装	长度	±3
	宽度	(3,0)
	高(厚)度	(3,−1)
	表面平整度	(0,3)
	对角线	(0,1)

5.2.2　构件生产流程

1)钢筋及钢筋笼加工制作

(1)车道板钢筋笼主板首次成型。首先焊接车道板主板下层横、纵向主筋及主板内部小梁结构;再次焊接固定 PVC 减重桶,布置上层横、纵向主筋焊接,两端封头;最后焊接底层构造筋。成型后的主板钢筋笼根据型号规格堆放至指定位置进行储放(图 5.6)。

(2)车道板钢筋骨架二次成型。将主板钢筋吊入模板后,布置两端牛腿纵梁钢筋。测量两端外露伸出筋后,将纵梁主筋与箍筋焊接固定。最后焊接附加筋、拉筋及所有预埋件焊接固定(图 5.7)。所有预埋件焊接固定前,须对尺寸进行复查并记录。

2)钢筋笼入模及合模

(1)模具清理及涂刷隔离剂。钢筋笼入模前,须将所有的车道板钢模进行清理及涂刷预先调制好的隔离剂,车道板两侧须涂刷缓凝剂。

(2)钢筋笼入模。通过起重机将预先制作好的车道板主板钢筋笼入模,后进行二次钢筋成型。

(a) 横、纵向主筋焊接

(b) PVC减重桶固定

(c) 主筋封头

(b) 钢筋笼主板成型后堆放

图 5.6　钢筋笼首次成型

(a) 纵梁主筋与箍筋焊接

(b) 伸外露筋进行复测

(c) 保护层垫块放置及预埋件定位

(d) 预埋件焊接定位

图 5.7　钢筋笼二次成型

（3）车道板合模。主板钢筋笼安装于模具内后,先将两侧模合龙;钢筋笼二次成型后,将牛腿纵梁两端模板合龙;最后合龙车道板两端端板,拉紧模具上沿宽度锁紧装置(图5.8)。

图5.8　钢筋入模及合模

3) 混凝土浇筑

（1）浇捣混凝土,同时用震动棒进行震动。振动棒应对混凝土的多个位置进行全面震动,保证混凝土充分地流入到钢模之中[图5.9(a)]。

（2）混凝土浇捣完之后,先对其表面进行第一次初步收水,使混凝土表面光滑、平整。再过一个小时,当混凝土的水分蒸发出来之后,对其进行第二次收水[图5.9(b)]。收水完之

(a) 混凝土浇筑

(b) 表面收水

(c) 收水面拉毛

(d) 化学凿毛

图 5.9　混凝土浇筑过程

后,要对收水面进行拉毛处理,使车道板表面具有一定的粗糙度,增加车道板与其上覆沥青材料的黏结性[图 5.9(c)]。

(3) 化学凿毛。利用凿毛工具将其表面变得具有一定的粗糙度,使车道板在现场拼接的过程中具有更强的结合力[图 5.9(d)]。

4) 养护脱模

(1) 车道板脱模[图 5.10(a)]。当车道板强度达到设计强度时,便可利用行车和吊具对其进行脱模起吊。起吊过程应缓慢小心,保证车道板的平稳起吊。

(a) 车道板脱模

(b) 牛腿脱模

(c) 脱模前养护

(d) 脱模后喷淋养护

图 5.10　车底板的养护

（2）牛腿脱模[图 5.10(b)]。在车道板脱模之后，当牛腿板也达到设计强度时，对其进行脱模处理。

（3）脱模前养护[图 5.10(c)]。车道板在侧模打开之后、起吊之前，要在其表面进行洒水养护，保证其强度达到设计标准。

（4）脱模后喷淋养护[图 5.10(d)]。脱模后，在车道板表面进行喷淋养护，并覆盖薄膜，防止水分蒸发。

5）吊运及成品保护

（1）使用专用吊装设备进行车道板吊运，车道板堆放垫木垂直成一直线[图 5.11(a)]。

（2）车道板装车。装车时须在车道板两侧拉红白彩带予以警示，夜间采用闪光灯做防护警示[图 5.11(b)]。

(a) 成品堆放　　　　(b) 驳运装车

图 5.11　车道板堆放及运输

5.3　预制盖板及防撞侧石生产工艺

5.3.1　质量控制标准

预制盖板及防撞侧石质量控制标准，见表 5.7～表 5.10。

表 5.7　预制盖板成品检测

项目		允许偏差/mm
外形尺寸	长度	±5
	宽度	±3
	高(厚)度	(+5，−3)
	表面平整度	(0，5)
	对角线	(0，7)
预留插筋	中心线位置	(0，5)
	外露长度	±7

表 5.8 预制防撞侧石成品检测

项　目		允许偏差/mm
外形尺寸	长度	(0,-5)
	宽度	±5
	高(厚)度	(0,5)
	表面平整度	(0,3)
预埋件	灌浆套筒中心位置	(0,2)
	灌浆套筒与混凝土表面高差	±5
预留孔、洞	中心线位置	(0,10)
	孔、洞尺寸	±10

表 5.9 预制盖板及防撞侧石钢筋笼定位标准

项　目		允许偏差/mm
钢筋骨架	受力钢筋间距	±10
	长	±10
	宽、高	±5
	箍筋、横向钢筋间距	±10
	保护层厚度	±3
预留插筋	中心线位置	(0,3)
	外露长度	±5

表 5.10 预制盖板及防撞侧石预埋件定位标准

项　目		允许偏差/mm
预埋件	中心位置	(0,1)
	与混凝土面高差	±3
预留插筋	中心线位置	(0,3)
	外露长度	±5
预留孔、洞	中心线位置	7
	孔、洞尺寸	±7

5.3.2 构件生产流程

1) 钢筋及钢筋笼加工制作

钢筋笼的制作在胎架上进行,并由专业焊接工根据设计图纸进行专业焊接,主筋与箍筋和环箍之间进行牢固焊接,保证钢筋笼的完整性(图 5.12)。

2) 钢筋笼入模

焊接好的钢筋笼,使用行车对其进行起吊,然后在其底部放置保护层垫块,以控制保护层厚度。合模,先合龙盖板两侧,再合龙两端,最后拉紧模具上沿螺杆确保宽度(图 5.13)。

(a) 盖板钢筋笼　　　　　　　　　　　　(b) 防撞侧石钢筋笼

图 5.12　钢筋骨架成型

(a) 盖板钢筋入模　　　　　　　　　　　(b) 侧石钢筋入模

图 5.13　钢筋笼入模

3）混凝土浇筑及养护

钢筋笼入模之后，检查所有预埋件的位置是否安装到位。之后，进行混凝土的浇捣。通过专用料斗均匀布料，振动棒排气，保证混凝土的密实性。振捣完成之后，利用大尺进行收水，泥板精收抹面[图 5.14(a)]。防撞侧石采用料斗将混凝土运送至模具上方，进行放料振捣，使用模具上安装的高频振动器进行振捣，振动棒辅助引出气泡[图 5.14(b)]。

(a) 盖板浇捣　　　　　　　　　　　　　(b) 防撞侧石浇捣

(c) 盖板养护

(d) 防撞侧石养护

图 5.14　浇捣及养护

收水后采用塑料薄膜进行覆盖自然养护,当起吊强度达到 75% 时方可起吊,起吊后对伸出筋面进行凿毛[图 5.14(c)、(d)]。

4) 吊运及保护

起吊完之后在盖板底部放置木枕垫块进行堆放,并在盖板之间采用塑料垫块隔开堆放,避免留有明显痕迹[图 5.15(a)、(b)]。防撞侧石采用专用吊索具进行起吊,转运至堆放场地[图 5.15(d)]。堆放防撞侧石的木枕垫须采用塑料泡沫[图 5.15(c)]进行包裹,避免堆放时引起磕碰损伤。

(a) 盖板起吊

(b) 盖板堆放

(c) 垫木包裹泡沫纸

(d) 防撞侧石堆放

图 5.15　堆放

CHAPTER 6

第 6 章

成套装配技术

隧道内部结构施工作业从下而上逐步进行，具体施工工序（图6.1）如下：

(1) 准备工作，包括下层π形预制构件安放、两侧混凝土填充、基座及下层车道防撞侧石制作。

(2) 预制立柱定位、安装，临时固定、套筒灌浆。

(3) 上层预制车道板安装。

(4) 湿接头处理及后浇梁施工。

(5) 上层预制盖板安装。

(6) 预制防撞侧石安装。

(7) 铺装层施工。

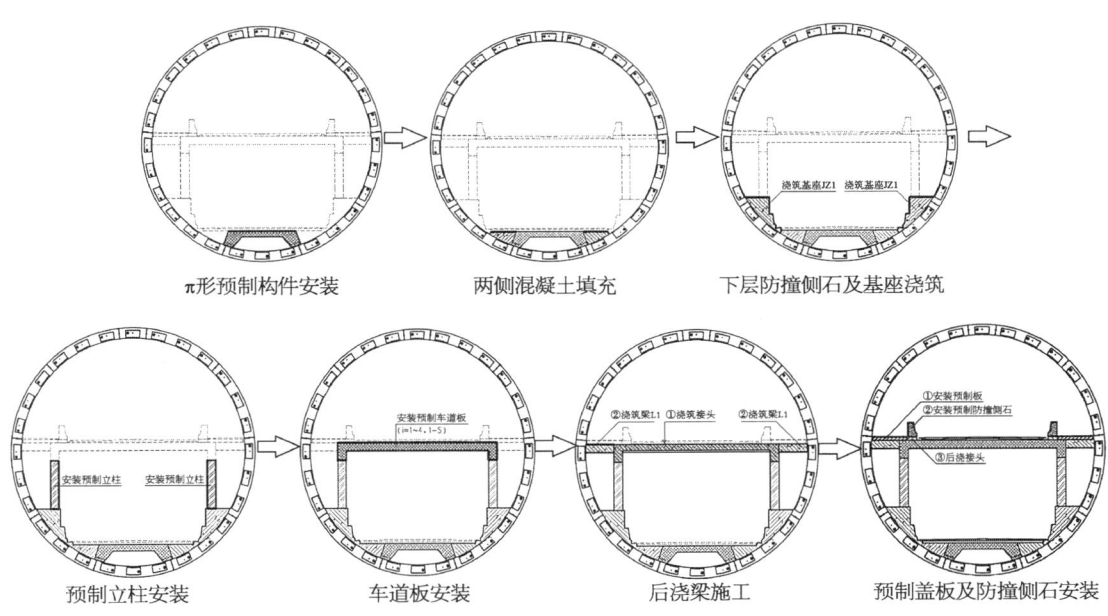

图6.1 工艺流程

6.1 预制π形件安装

6.1.1 预制π形件运输

同步施工使用的π形件采用50 t行车吊运下井至斯泰尔卡车，车辆运输至隧道内工作面，再使用25 t短驳行车安装π形件。π形件使用前，必须进行严格的质量检验，填好检验表，质量合格的构件统一敲盖合格章，不合格构件进行退场处理。检查内容包括：π形件混凝土强度是否到达规定龄期，构件应无缺边掉角、无麻面和露筋现象。

堆放π形件的场地必须坚实平整。在π形件的醒目处标明该构件的生产日期。预制π形件的堆放要整齐。预制π形件要平放，叠放二层，板与板之间用7.5 cm×15 cm垫木衬垫，上下层垫木应在一条垂直线上。在起吊预制π形件时，应平稳，不允许单侧起吊或强行起吊。

6.1.2 π形件装配

π形件的吊运安装同步于盾构推进，一方面起到施工阶段隧道抗浮作用；另一方面提供运输车辆行走基面，实现盾构快速推进。

π形预制构件摆放以隧道中心线控制，π形预制构件坡度在成环隧道基础上结合设计坡度进行调整，尽量确保π形件接缝部位平顺无踏步（图6.2）。阶段性地对π形预制构件的坡度及轴线进行复核，得出的测量数据指导下阶段施工。轴线控制过程中出现的张角通过在π形件底座与底部管片焊接钢板或者填充混凝土来弥补间隙，保证平整度。

图6.2 预制π形件安装示意图

π形件吊装前，必须先将管片底部的污泥和杂物清除掉，并将管片冲洗干净，手孔螺母拧紧，将手孔用混凝土填封密实。然后在衬砌环的底面上标出π形件的位置，再将预制车道板吊运到位，进行铺设。π形件通过底部垫钢板调整水平，水平尺校核水平。预制车道板铺设完成后，进行两侧填充混凝土施工。

6.1.3 π形件两侧混凝土填充

两侧混凝土浇筑填充滞后于π形件安装40～80 m，先后进行PVC管预埋→钢筋网片制作→立端头模板→混凝土浇筑填充。混凝土填充作业与盾构水平运输交错进行，不影响盾构推进管片、同步注浆等材料运输。

π形件两侧现浇混凝土采用C20，通过混凝土搅拌运输车自卸的方式在π形件两侧进行混凝土浇筑，如图6.3和图6.4所示。

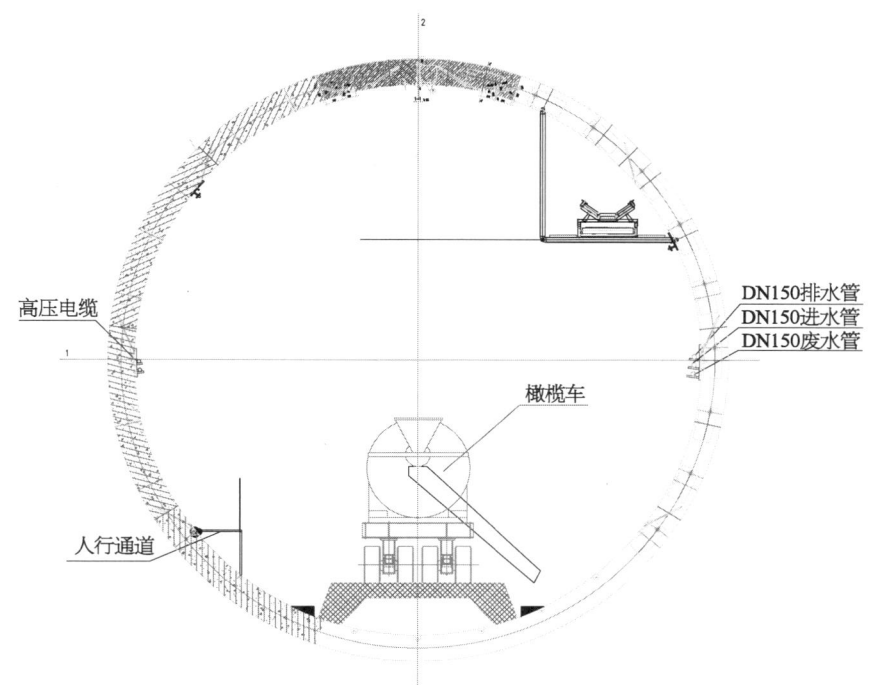

图 6.3 π 形件两侧现浇混凝土填充示意图

图 6.4 π 形件两侧现浇混凝土填充

6.2 基座施工

6.2.1 管片植筋

为加强基座与圆隧道的整体性与承载力,需将钢筋植入管片内,再绑扎钢筋、浇筑混凝土。植筋之前应对管片结构进行钢筋探测,尽量避免伤及钢筋。另外,植筋还应避开手孔、接缝等部位。钢筋植入管片深度为 300 mm,钢筋植筋为 Φ20 mm。

1) 植筋工艺流程

放初始定位线→确定原结构钢筋位置并做标记→放钻孔位置十字交叉线→验线→钻孔→清孔与孔洞临时保护→植筋前打磨、清洁钢筋→隐检(孔深、孔径)→注入胶黏剂后插入连接筋→养护→验收。

2) 植筋工艺操作要点

根据图纸中植筋位置的要求,植筋操作要点如下:

(1) 放初始定位线。清理出工作面,在结构专业放线的基础上放出初始钻孔位置线。

(2) 验线。填写钻孔孔位预检表,报请验收。

(3) 钻孔。使用冲击钻成孔后,孔壁粗糙,锚固效果较为理想,无须单独处理孔壁。施工速度较快,但钻孔时噪声和粉尘相对较大。

钻孔开孔时,先沿垂直管片的方向钻进,开孔时慢速钻进。钻进约 5 mm 时,将钻杆调成垂直方向,垂直的偏差不超过 5°,继续钻进,直至设计孔深。

(4) 清孔与孔洞的临时保护。清孔用压风和毛刷交替清理,各三遍。先用毛刷清理孔内渣土等异物,再用压风清理干净。清孔后,对孔口进行保护,防止渣土掉入孔内。

(5) 隐检。填写隐检表,并报请验收,查验胶的合格证及批号。经核准验收合格后方可进行灌胶作业。

(6) 注入植筋胶后插入连接筋。先按孔深的 2/3 容积备胶,用人工方式注入孔内,再插入连接筋。一边插筋,一边不停地转动筋,以利于排出胶体内气泡,增加连接筋和胶黏剂之间的握裹力,同时要保证钢筋在孔中心的位置。

3) 植筋质量保证措施

根据《混凝土结构后锚固技术规程》,锚孔质量要求见表 6.1。

表 6.1 混凝土结构后锚固锚孔质量要求

锚栓类型	锚孔深度允许偏差	垂直度允许偏差	位置允许偏差
化学植筋	+20 mm	5°	5 mm

4) 钻孔的质量保证措施

(1) 钻孔时位置、垂直度的控制。

(2) 钻孔保证直线,孔内不能有叉孔、斜孔,以免注入胶黏剂时外渗,影响胶的有效利用。

(3) 一般钻孔深度应保证锚固设计深度+20 mm,预留的深度是保证植筋的深度大于设计要求。

(4) 钻孔时不能伤及原结构主筋,孔位与原结构主筋相冲突而必须挪动时,应经监理、设计和其他相关单位同意。

(5) 冲击钻钻孔时,开孔时要小转速、轻冲击,先钻进 10 mm 左右,再进行正常钻孔,不震酥管片混凝土的保护层。

(6) 如施工现场有水,应堵住外界向孔内渗流水或污泥,清理干净孔内明水后,及时注胶并植入钢筋。

6.2.2 基座浇筑及预留立柱插筋

施工前,先将线路中心线实放,定出基座(含下层防撞侧石)准确位置。然后在基座位置处根据设计图纸进行植筋(钢筋植入隧道管片内),保证下层车道防撞侧石、基座与隧道的整体性。待植筋完毕后,进行钢筋网片的绑扎以及与两侧填充混凝土预留钢筋的搭接;然后进行模板的搭设,最后在不影响盾构正常推进的情况下进行混凝土的浇筑。防撞侧石与基座侧模均采用定型钢模板。基座混凝土分两次浇筑:第一次浇筑至下层防撞侧石顶部,第二次完成基座浇筑。

为防止防撞侧石污染,脱模后用塑料覆盖防撞侧石表面直至铺装层完成施工。基座上立柱预留插筋的精度,直接决定了立柱的安装质量,因此预留插筋的定位要求高。基座预留插筋是预制立柱与现浇基座的连接点,预留插筋直接影响到立柱的准确定位;而立柱定位的精度直接影响到后续车道板安装。因此,预留钢筋的准确定位是装配施工的关键。为此设计了专用预留插筋定位装置,在施工过程中以对插筋进行限位和精度控制,误差控制在±2 mm以内。

(1)预留插筋定位。设计的专用预留插筋定位装置由座浆盘、升举装置、定位盘3部分组成,如图6.5所示。

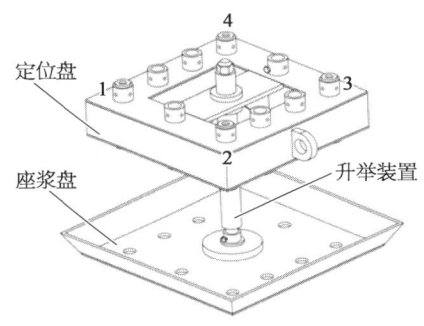

图 6.5 插筋定位装置

座浆盘用于在立柱顶部形成下凹区域,以满足至少2 cm的座浆厚度;升举装置用于上下调节定位盘的标高,进而调整预留插筋的顶标高;定位盘用于定位立柱预留插筋的中心位置。定位盘共10个插筋孔,孔径均为32 mm,插筋直径为28 mm。4 mm的空隙既能满足钢筋位置的准确定性,又能满足钢筋顺利插入。其中,1~4号插筋的插筋孔是封闭的,插筋只能从下部穿入;其余6个插筋孔是上下贯通的,插筋可以从上部穿入。

(2)预留插筋的基本定位流程。座浆盘水平初步定位→插入4根钢筋→定位盘初步调整定位→剩余的6根钢筋插入→定位盘、座浆盘定位→插筋与周围钢筋焊接固定→浇筑混凝土→取出定位盘、座浆盘,如图6.6所示。

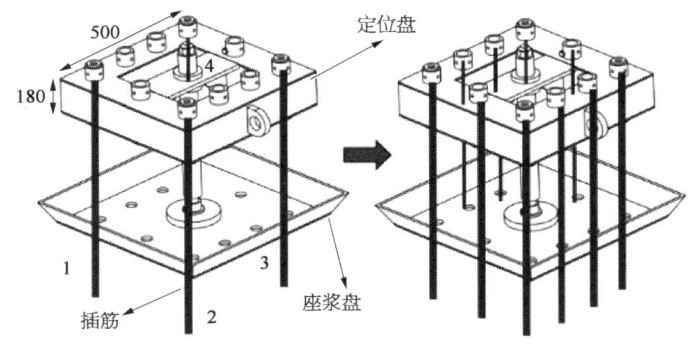

图 6.6 插筋定位

浇捣前使用测量仪器进行基座的精准复核,确保基座间距与图纸无误后方可进行浇捣施工。模板安装就位并固定牢靠后可浇捣混凝土。混凝土入模后,应及时进行振捣。混凝土振捣密实后,应将基座的顶面收水抹平、抹光。

6.3 立柱装配

6.3.1 立柱的运输

立柱在隧道内的运输采用双头平板车,如图 6.7 所示。利用双头平板车运输到装配点后采用叉车进行短驳,如图 6.8 所示。

图 6.7 立柱运输

图 6.8 立柱短驳

6.3.2 预制立柱的安装

立柱安装的总体流程,如图 6.9 所示。

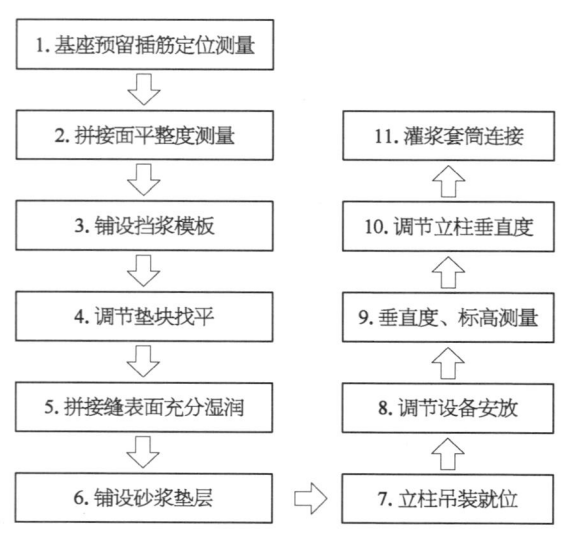

图 6.9 立柱安装的总体流程

立柱从平躺状态翻身至竖直向安装状态采用单点翻身方式,吊点选用立柱顶部的钢筋接驳器。翻身前,将特制吊装接头前端的螺丝拧在立柱顶部剪力槽内的两个钢筋接驳器接头内,立柱根部与地面接触面铺垫柔性垫材。翻身时通过机械手前端连接盘连接吊装接头,将立柱顶部先行吊起。此时立柱只有根部与地面受力。通过柔性垫材做缓冲保护支撑立柱翻身,直至立柱起吊至竖直向状态,如图 6.10 所示。

图 6.10　立柱起吊

由于基座预留插筋与立柱预埋套筒间隙单边 10 mm,立柱安装后可能会出现偏斜的情况,需要进行最终的定位纠偏、临时固定。纠偏测量使用红外线测距仪等进行精准定位,并对相邻基座距离及对角线复核,保证后续车道板安装的准确性,如图 6.11 所示。

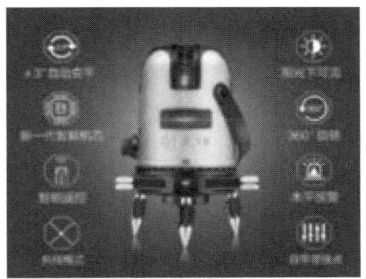

激光波长	激光波线和水平线激光波长:635 nm 下对点:650 nm
自动安平范围	±3° 超范围激光闪亮
发射角度	≥120°
水平精度	5 m±1 mm
垂直精度	5 m±1 mm
下对点精度	±1 mm/1.5 m
正交精度	±1 mm/3
线宽	2 mm/5
工作环境	室内/室外
电源	3节5号电池成交流电源

图 6.11　红外线测距仪

立柱定位主要有两方面:平面位置的微调和垂直度的控制。立柱底部预留插筋已定,立柱的平面位置只需在插筋的基础上进行微调即可。微调时利用测距仪控制与对面立柱的净距。立柱垂直度的调节采用斜撑进行微调,通过挂铅垂线检验其垂直度是否满足要求,如图 6.12 所示。立柱定位的具体流程可以概括为:铺设挡浆模板→在立柱底部放置调节垫块→拼接缝表面充分湿润→铺设砂浆垫层→立柱安装就位→垂直度、标高测量→调节立柱垂直度→套筒灌浆。

图 6.12 立柱定位

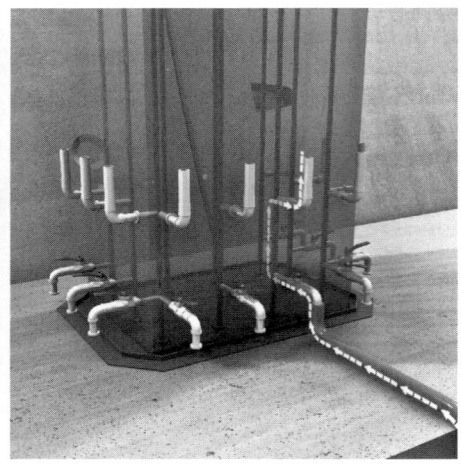

图 6.13 预制立柱灌浆示意图

6.3.3 套筒灌浆

（1）套筒灌浆。灌浆时要注意需在座浆 24 h 后再灌浆。灌浆时，下端注浆，上端出浆，一筒一灌，禁止串联压浆，并且每个灌浆套筒灌浆时必须进行摄像记录，以确保灌浆质量，如图 6.13 所示。灌浆工序滞后于立柱安装一天，距离立柱安装工作面 40 m，以保证施工过程中无交叉作业的情况。

套筒专用灌浆料具有稳定、高强、无收缩、易灌注等特点，28 d 强度不小于 100 MPa。

（2）拌浆机和灌浆机。针对 M100 灌浆料高黏稠、易凝固的特性，专门定制研发的专用设备，用于套筒灌浆料的拌制和灌注，如图 6.14、图 6.15 所示。

（3）多功能高压清洗组合设备（图 6.16）。清洗机的压力可以达到 500 kg，可用于现场清理、设备清洗、模板清洗、混凝土表面的凿毛等。

图 6.14 套筒砂浆拌和设备

图 6.15 套筒砂浆灌注设备

压力500 kg

图 6.16　多功能高压清洗组合设备（高压清洗机和水箱）

（4）套筒压浆施工机械包括配套快速安装成套集成系统及抽水泵、电子秤等。压浆操作现场流动度试验仪器包括截锥圆模、玻璃板、砂浆试模。压浆操作工具包括铁皮桶、料勺、三角铲、搅拌棒、一字螺丝刀、尖嘴钳、开口扳手、剪刀、榔头。压浆操作耗材包括压浆管、抱箍、操作手套、个护用品。

（5）套筒内的灌浆料采用 OVM 生产的 C100 高强无收缩水泥灌浆料，干料∶水＝100∶12，干料及水需要分别称重。拌浆设备采用自制搅拌机，搅拌时间为 3 min。垫层砂浆达到终凝后方可进行压浆作业。

预先润湿搅拌桶及搅拌头，在搅拌桶中依次放入干料和水。同时开启搅拌机和底座转盘，并开始秒表计时。3 min 拌和结束，关闭搅拌。

（6）压浆机和底座转盘。如拌浆结束后用搅拌棒搅动感到浆料仍有固态干料存在，则继续搅拌至完全没有干料为止。静置 2 min 放出气泡，则高强灌浆料拌浆结束。

将拌制好的浆料倒入压浆机，开始压浆。压浆过程为浆料从下部注浆孔压浆，上部出浆口出气。根据实验，压浆 70 s 左右，浆料升至出浆口 L 形管管口。待浆料流出，封堵出浆口并停止压浆。待压浆管压力稳定，拔出压浆枪头封堵注浆口。压浆口采用橡胶止浆塞封堵。相关施工过程如图 6.17 所示。

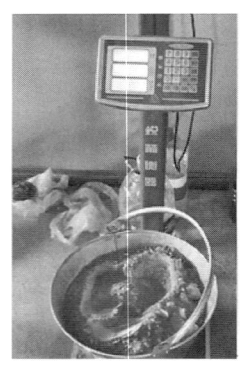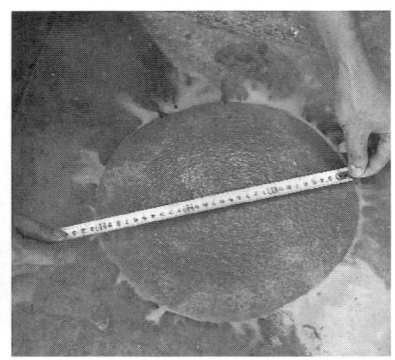

图 6.17 套筒灌浆施工

6.4 车道板安装

6.4.1 车道板运输

车道板在隧道内的运输使用双头平板车,每次运输一块,如图 6.18 所示。

图 6.18 车道板的运输

6.4.2 车道板安装

为了配合车道板的安装,专门设计一台 60 t(最大起重能力)纵向悬臂行车,如图 6.19 所示。车道板+吊架吊具最大重量:44.1 t+9 t=53.1 t。

行车部分参数见表 6.2。

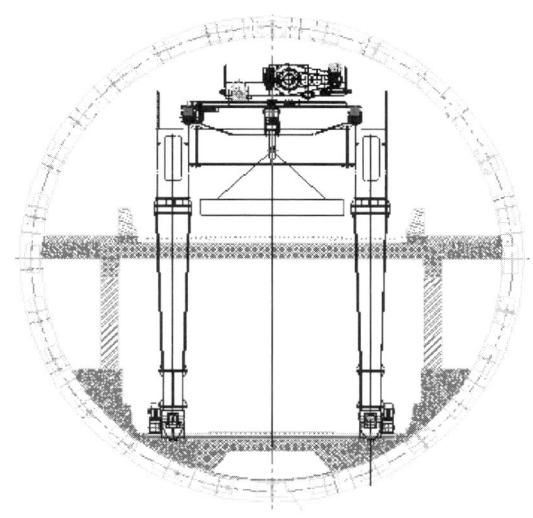

(a) 行车正面

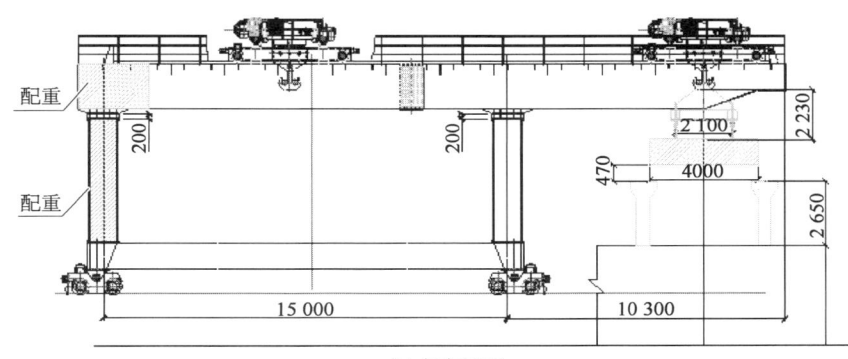

(b) 行车侧面

图 6.19　60 t 行车结构图

表 6.2　60 t 行车参数表

项　目	参　数
行车自重/t	121.43
起升速度/(m/min)	0.45～4.5
顶部距离管片高度/cm	30
吊装旋转空间安装方向长度/m	10.3
吊具自重/t	9
吊钩至车道板吊点距离/m	2.2
吊装可调节空间/m	0.47

为确保行车吊装状态下稳定，在行车前进方向前端支腿、横梁内增加混凝土配重，配重共 40 t（图 6.19 中行车阴影部分）。车道板安装前在立柱顶部测量、弹线，标注出车道板与立柱搭接的 250 mm 距离。行车吊装车道板使用特制吊具，如图 6.20 所示。

本吊具设计结构形式为框架型，主梁吊具板用 40 mm 钢板，主梁吊具板两侧增加 150×

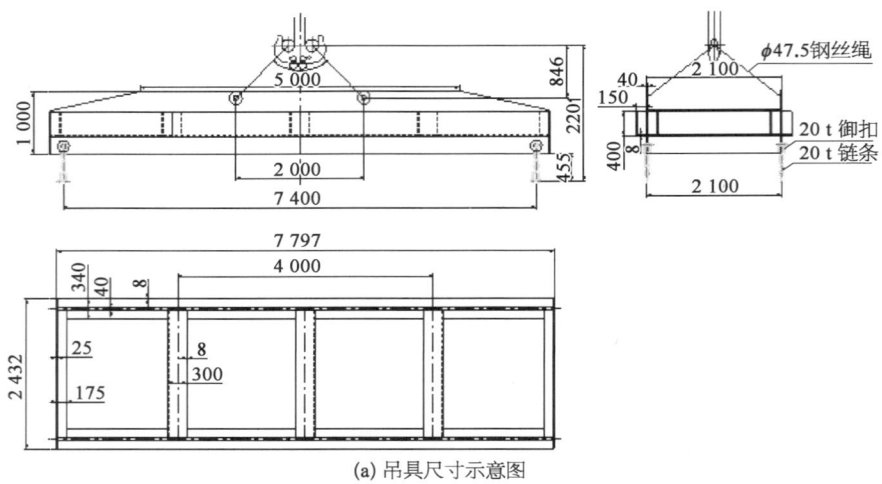

(a) 吊具尺寸示意图

(b) 吊具侧面照　　　　　　　　　　　(c) 吊具正面照

图 6.20　吊具

400C 型钢,中间设置 3 道支撑,设计每个吊点最大承载力在 20 t。吊具与行车设置 4 个吊点,其夹角为 88°。吊具与车道板设置 4 个吊点,为垂直吊的方式。吊梁与行车用 $\phi47.5$ 钢丝绳,每根吊点最大承载力在 21 t。吊梁与车道板用 $\phi30$ 起重链条,每根吊点最大承载力在 20 t。所有吊具连接部位选用最大承载力在 20 t 卸扣。

由于隧道轴线最大坡度 4.8%,车道板与立柱接触部位存在间隙。综合考虑后,采用垫氯丁橡胶板作为缓冲垫片,起始段垫板厚度 1 cm,末端根据坡度大小垫薄钢板和橡胶垫片,如图 6.21 所示。

车道板吊装时先纵向吊装,上升一定高度后进行转向,然后进行安装,如图 6.22(a)所示。车道板装配顺序为先水平就位、后竖直方向就位。水平就位时,为了提高车道板的安装精度,在立柱顶部安装了限位装置以限制车道板的横向位置,确保车道板横向安装误差控制在 ±5 mm 范围内。限位装置如图 6.23 所示。

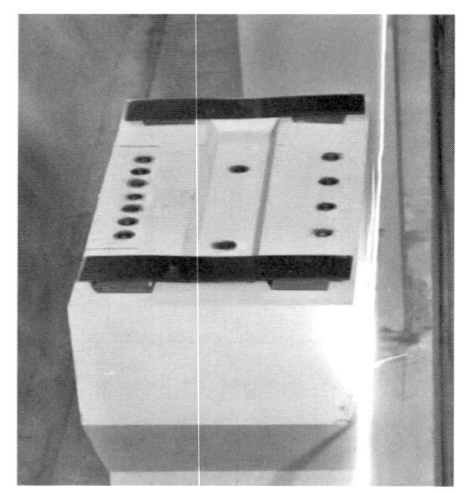

图 6.21　调坡

(a) 车道板纵向吊装

(b) 车道板转身

图 6.22 车道板安装移动操作平台横向、纵向示意图

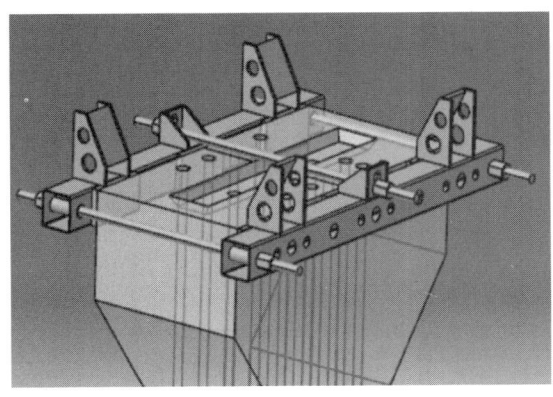 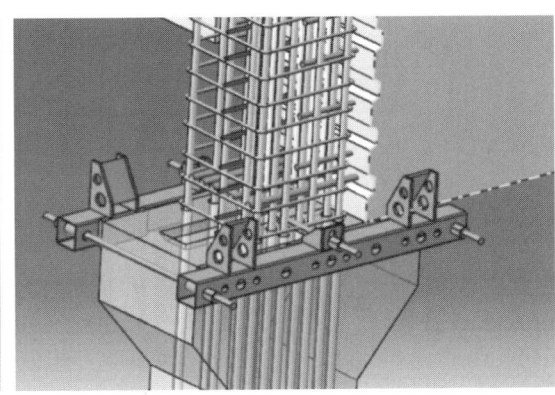

图 6.23 限位器示意图

第 6 章 成套装配技术

6.4.3 后浇接头施工

待车道板安装调整、就位完成后,进行接缝处理,包括纵梁-柱接头、车道板-车道板接缝、车道板-管片、梁-柱间的接头,空间尺寸为 500 mm×500 mm×1 000 mm,空间狭小且钢筋密布,梁端头的钢筋只搭接并进行焊接,浇筑 C60 混凝土,达到等同现浇的效果。车道板间拼缝宽度为 500 mm,为保证车道板间的整体性,在车道板的端头处环形筋交错中间插筋,然后用 C60 混凝土进行浇筑。车道板-管片进行连接时,在管片上进行植筋,绑扎钢筋时与梁-柱接头同步进行,后浇梁长×宽×高(1 650 mm×600 mm×460 mm),共 696 个,如图 6.24 所示。后浇梁施工,采用特制快速装配支架工作平台。该平台可快速装配拆卸,整体可供人员行走及操作施工,既作人员施工作业空间平台,又用作后浇段底模支撑架。后浇梁采取可拆卸式钢管支架进行搭设浇筑。55 mm 厚的钢模,次梁采用 90×90 木方,纵向设置;主梁采用 100×50 方钢,$t=5$ mm;立杆采用 $\phi 48×3.0$ mm 脚手管,钢材为 Q235,如图 6.25 所示。

(a) 梁-柱-管片节点　　　　　　　(b) 板-板接缝

图 6.24 车道板接头处理

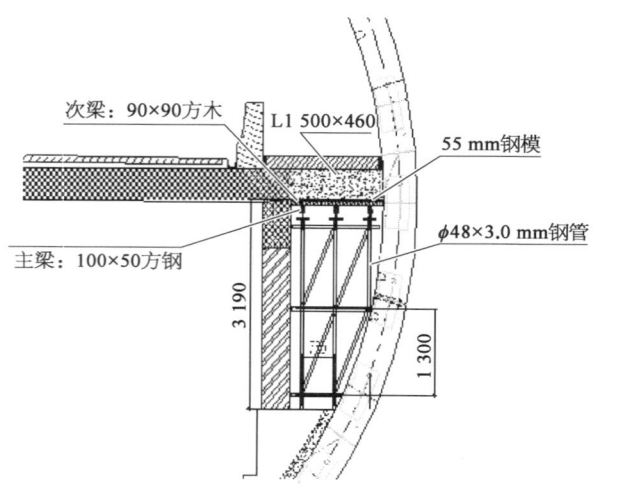 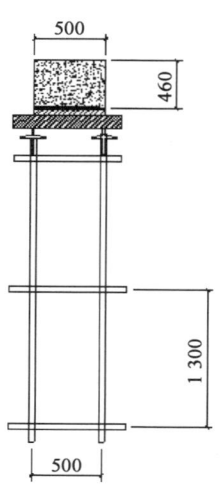

图 6.25 支架横向、纵向示意图

最后浇筑时,梁-柱接头、车道板-车道板接缝、车道板-管片、梁-柱间的接头同步浇筑。

6.5 盖板及防撞侧石安装

6.5.1 盖板安装

预制隔板长×宽×高(4 000 mm×2 000 mm×200 mm),重 4 t,共 696 块。在预制隔板安装前,要先对后浇梁进行清理,再涂抹黏结剂,最后通过 10 t 叉车定位安装预制隔板。待预制盖板定位安装完成以后,在环向用细石混凝土填缝,以保证预制盖板与管片、车道板及后浇梁无缝隙。施工过程如图 6.26 所示。

(a) 后浇梁处理

(b) 车道板运输

(c) 叉车安装

图 6.26 盖板的安装

6.5.2 防撞侧石安装

待上盖板安装一个阶段后(间隔 80~160 m),进行上层防撞侧石安装。防撞侧石底座宽 500 mm,高 795 mm,单块长度 4 000 mm,重量 2.2 t,如图 6.27 所示。

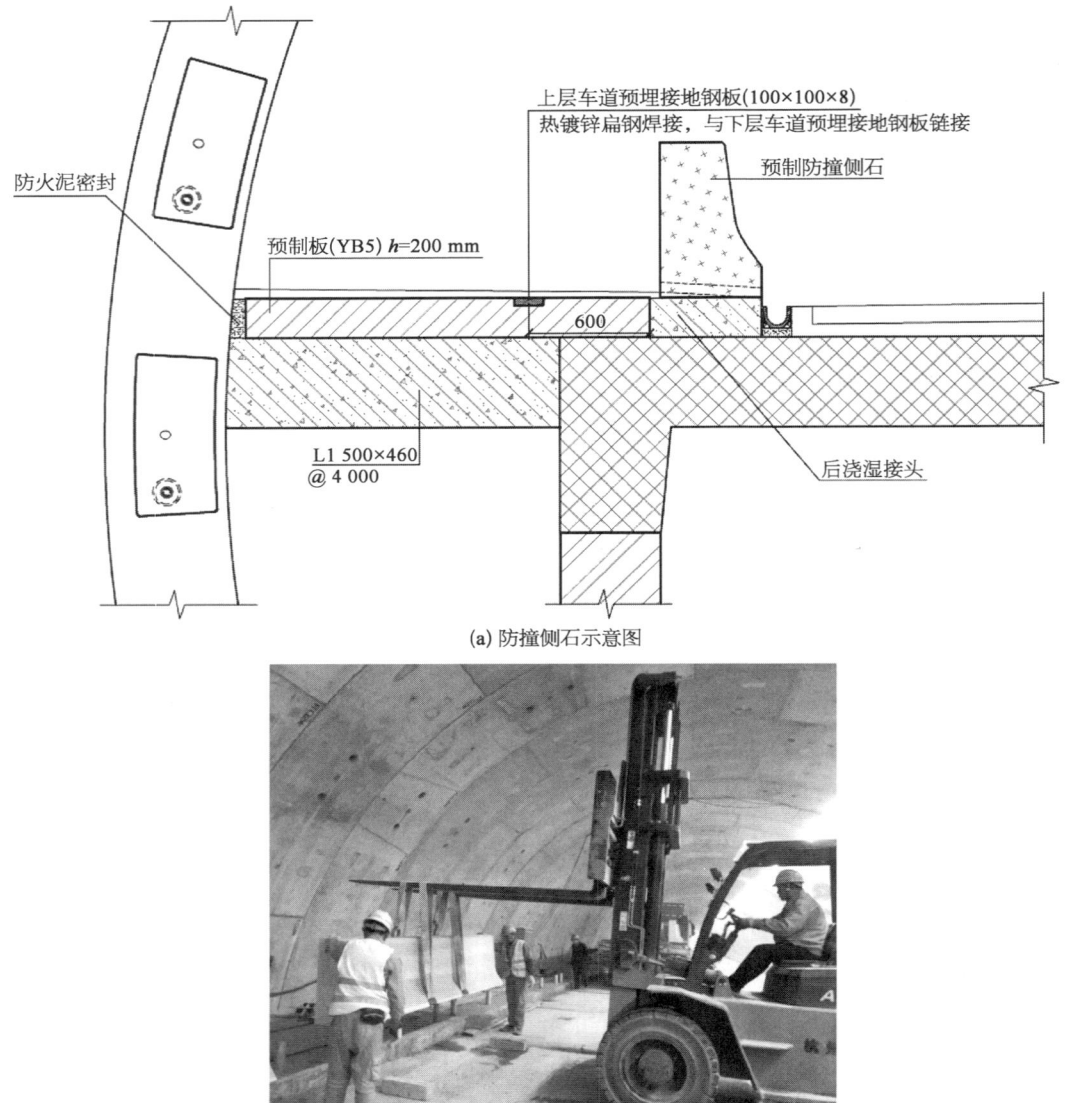

图 6.27　防撞侧石安装

在防撞侧石安装前,要先对其位置进行放样,保证 PVC 排水管的安放。当按照放样线安装完成后,再用细石混凝土填充预制盖板与防撞侧石的间隙,保证防撞侧石与隧道的整体性。

第 7 章

盾构隧道全预制装配式烟道设计及施工技术

为满足隧道正常运营情况下的舒适性及极端情况（火灾）下的安全性，长大隧道通常要设置机械式通风排烟系统。目前隧道排烟的设计基本上与通风方式相结合，在正常情况下为通风功能，满足环控的要求；在火灾情况下为排烟、控烟功能，主要目的是为乘车人员创造安全的疏散路线和帮助消防人员顺利到达火灾现场。

排烟的方式可以归为两种：横向排烟方式和纵向排烟方式。横向排烟方式是在隧道顶端设置送风口和排风道，隧道内气体通过隧道顶部的送风口排入隧道顶部隔绝的排风道中，再由专门的竖井或者排风口排出外界。纵向排烟方式是通过在隧道内产生纵向风流。综上所述，横向风主要由设置在排风道中的射流风机和隧道中横向的风机实现，在隧道通风时，隧道内基本不产生纵向流动的风，只有微弱的纵向自然风和风机产生的横向风。在盾构隧道中，由于盾构通常为圆形断面，隧道上方空出的空间可以作为排风道。例如东京湾隧道、上海长江隧道使用的重点排烟技术将烟雾控制在有限范围内，可以改善阻塞工况的疏散条件。

所谓排烟系统，是指沿隧道上部纵向一定间距设置排烟口，火灾工况下，通过开启排烟口实现对隧道内烟气流动的控制，为隧道疏散及消防救援提供稳定的环境。在盾构隧道中，特别是超长盾构隧道中，重点排烟被广泛采用，排烟道通常设置在圆形隧道顶部的闲置空间，排烟道与隧道车道通过烟道板（图7.1）进行分隔。

▶ 7.1 烟道现状技术

烟道板为隧道内非隐蔽结构，主要作用是隔绝车行通道层与排烟通道层，保障隧道通风排烟性能，为乘车人员提供良好的行驶环境。汽车尾气及火灾时燃烧浓烟通过烟道板中开设的排烟孔进入烟道层向外排出；新鲜空气自隧道口进入，通过烟道板下挂射流风机传递贯通隧道。由于隧道为大长度小直径的细管状造型，空气和汽车尾气只能自两端入口共同进出，一旦烟道板排烟阻力大，隔离效果降低，造成空气污染，将导致隧道内环境恶劣，能见度降低，间接造成交通拥堵，发生安全事故。因此，烟道板为隧道关键功能性结构，其施工质量的优劣直接关系到隧道的运行性能。

目前烟道板的施作方式主要有现浇和预制两种。现浇烟道板的施工工期、表面平整度通常很难满足工程要求。预制装配式构件具有施工便捷、质量易控制等优点，被广泛采用，因而接缝质量成为装配式烟道板施工控制的关键。

现浇烟道板施工主要包括混凝土烟道板、烟道牛腿、风机处的钢箱梁、排烟口及检修人孔等结构施工，具有以下重难点：

（1）烟道板多为大跨度拱形薄板，跨度长，板厚小，其拱形线型及挠度控制，对施工工艺要求极高。

（2）盾构推进偏差及后期管片沉降均会影响到隧道轴线，在相对动态的隧道内完成静态烟道板施工，保证线型匹配，难度非常大。

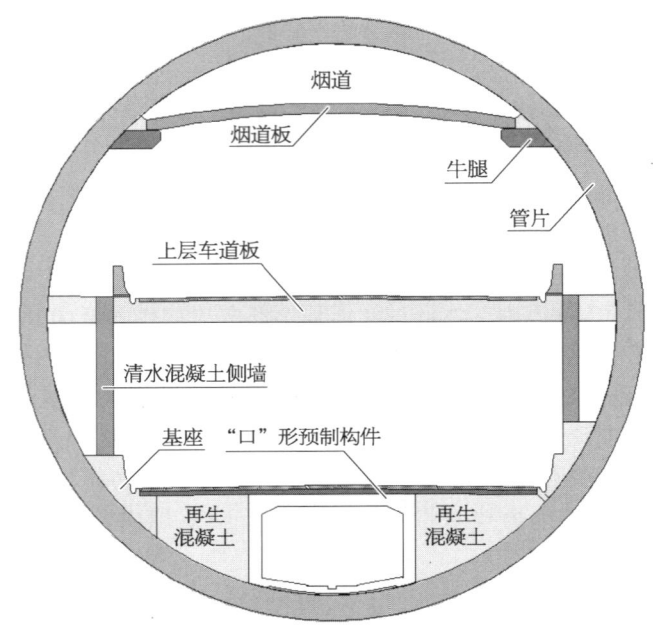

图 7.1 烟道板

（3）现场施工需要大量模板，施工速度慢，延长工期。

（4）隧道内部空间小，环境复杂，多种作业并存，车流进出多，对施工管理提出很高要求。

预制装配式构件是在工厂里生产预制构件，然后运到工地上组装而成。目前，装配式建筑在欧美和日本已经非常流行，在我国还处于起步阶段。根据住建部的规划，到 2025 年，装配式建筑占新建筑比例要在 50% 以上。与现浇整体式相比，装配式建筑施工速度快、受气候条件制约小，而且产生的建筑垃圾很少。其具有以下优点：

（1）质量好。构件可标准化大量生产，几乎不受天气情况影响，在质量方面更加可靠。

（2）节能环保。减少了施工过程中的物料浪费，也大大减少了施工现场的建筑垃圾。

（3）缩短工期。构件生产好之后拉到现场装配，减少了一部分工序，大大加快了施工进度。

(4) 节约人力。构件在工厂生产完成,减少了人力需求,并降低了施工人员的劳动强度。

(5) 节省模板。由于叠合板做楼板底膜,外挂板做剪力墙的一侧模板,因此节省了大量的模板。

7.2 全预制装配式烟道设计方案

7.2.1 烟道板设计方案

鉴于现有技术的上述不足,提出了一种能够解决烟道内排水问题和烟道板结构自重长期挠度问题,以及提高整体密封性能的隧道排风道用的烟道板结构。

为实现上述目的,该种隧道排风道用的烟道板结构包括若干预制烟道板块。预制烟道板块沿隧道长度方向依次进行拼接,预制烟道板块的横截面为拱形,预制烟道板块具有一凸起顶面、凹形底面和两对接端面。两对接端面向背设置,凸起顶面和凹形底面设置在两对接端面之间。凸起顶面处于凹形底面上方,两对接端面与凸起顶面的连接处均形成有长条形缺口。相邻预制烟道板块通过对接端面及缺口进行对接,在缺口内填充有现浇钢筋混凝土,如图7.2所示。视工程实际防火需要,可在预制烟道板块的凸起顶面上设置有添加了硅粉的硅粉混凝土层,预制烟道板块的凹形底面上设置有添加了聚丙烯纤维的聚丙烯纤维混凝土层。现浇钢筋混凝土中添加有聚丙烯纤维。

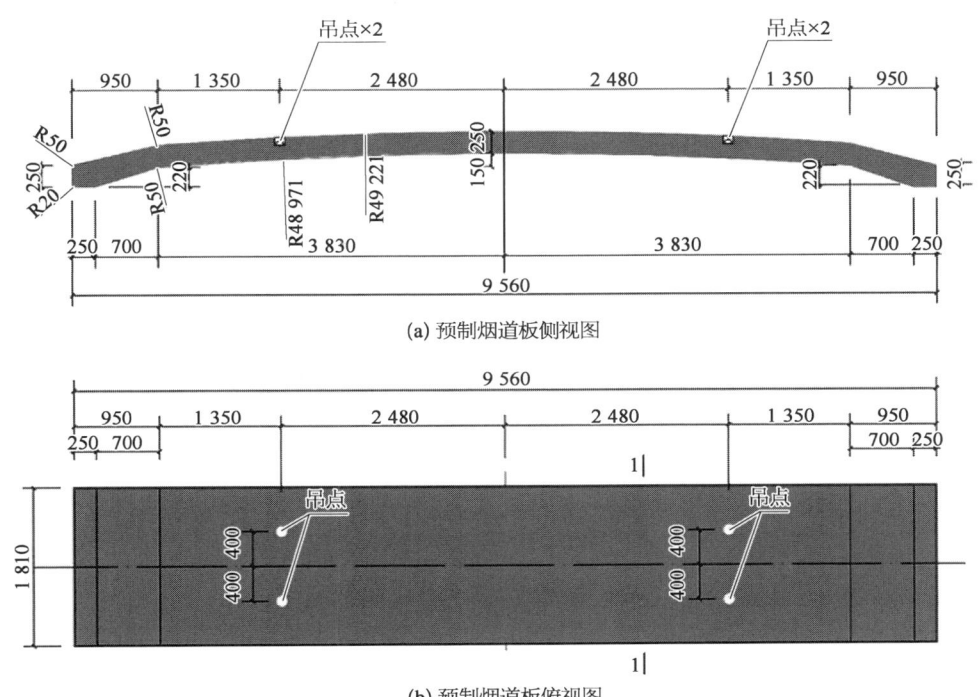

(a) 预制烟道板侧视图

(b) 预制烟道板俯视图

(c) 预制烟道板现场施工图

图 7.2 预制烟道板

7.2.2 接缝关键技术

预制装配式构件因具有施工便捷、质量易控制等优点被广泛采用,而接缝质量则成为装配式烟道板施工控制的关键。目前国内外尚未发现类似隧道烟道板接缝结构,这种处于正负压交替作用环境下、须保证密封性能的接缝构造。

为此,本书对预制烟道板提出一种新型接缝形式。对接的两烟道板上的两缺口组合形成一截面为梯形的长条状凹槽,凹槽位于凸起顶面上的槽口面积小于凹槽的槽底面积。凹槽的两内侧壁上铺设有聚乙烯填封板。相邻预制烟道板块进行对接的对接端面上由凹形底面侧至凸起顶面侧依次设置有防火密封胶、矿棉、聚乙烯泡沫条、防火密封胶和现浇钢筋混凝土,具体如图 7.3 所示。

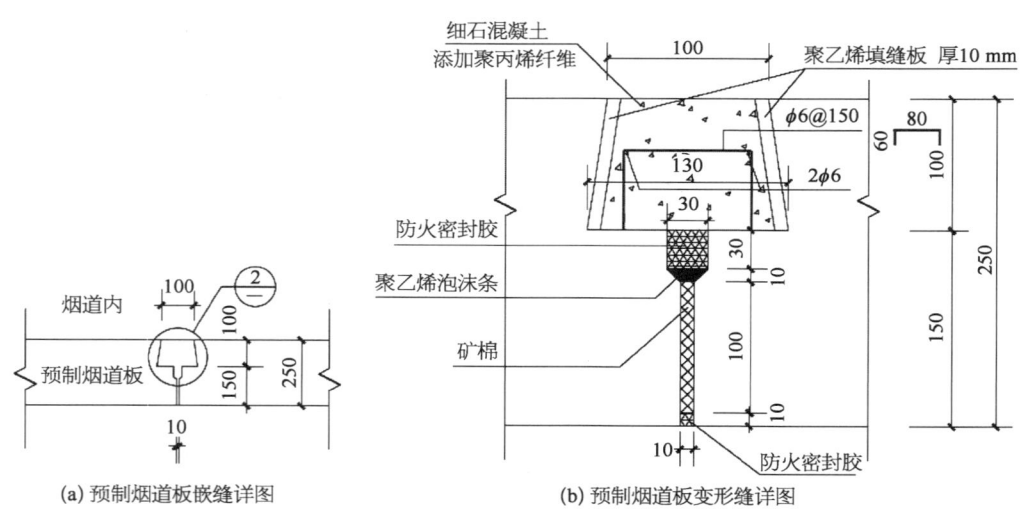

(a) 预制烟道板嵌缝详图　　(b) 预制烟道板变形缝详图

图 7.3 两预制烟道板间接缝详图

对于烟道板与现浇牛腿间接缝,首先采用植筋法在隧道衬砌相应部分浇筑牛腿。待牛腿达到一定强度之后,采用吊装车辆进行预制烟道板安装。为保证接缝密封性,预制烟道板与现浇牛腿间加垫氯丁橡胶板，在烟道板端部嵌入聚乙烯填缝板，之后浇筑 C40 素混凝土。具体构造如图 7.4 所示。

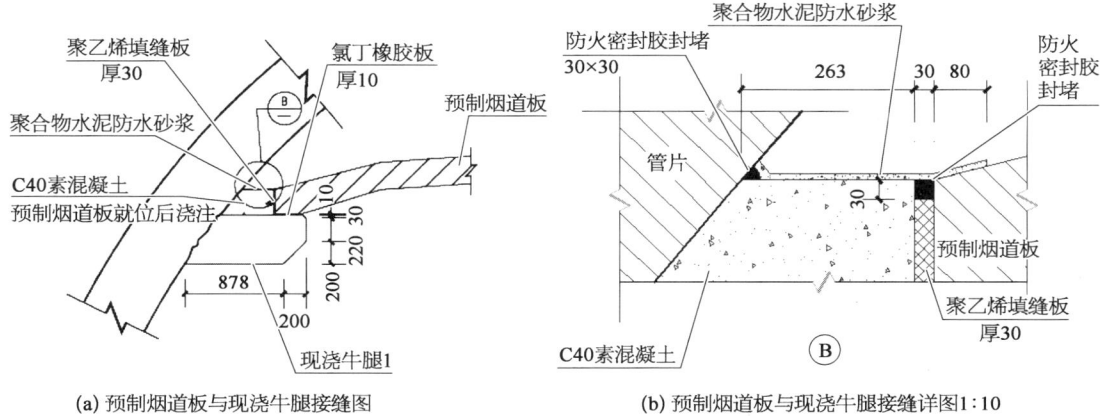

(a) 预制烟道板与现浇牛腿接缝图　　(b) 预制烟道板与现浇牛腿接缝详图 1∶10

图 7.4　预制烟道板与现浇牛腿之间接缝构造

7.3　烟道板快速化施工技术

以上海沿江通道越江隧道为工程实例，来展示预制烟道板快速化施工关键技术。上海沿江通道越江隧道圆隧道段右线全长 5 219 m，左线全长 5 265 m，隧道内径 13.7 m。隧道包括上下行两条隧道，内部路面结构分为两层：上层为三车道公路，下层为预留电缆通道、逃生通道。隧道顶部设置排烟通道，在路面板结构施工完成以后进行烟道牛腿、烟道板的施工。隧道内烟道板尺寸为 9.292 m（长）×1.8 m（宽）×0.25 m（厚），双线隧道共需约 5 800 件（图 7.5、图 7.6）。每件烟道板混凝土方量约为 4.2 m³，自重约 10.5 t。

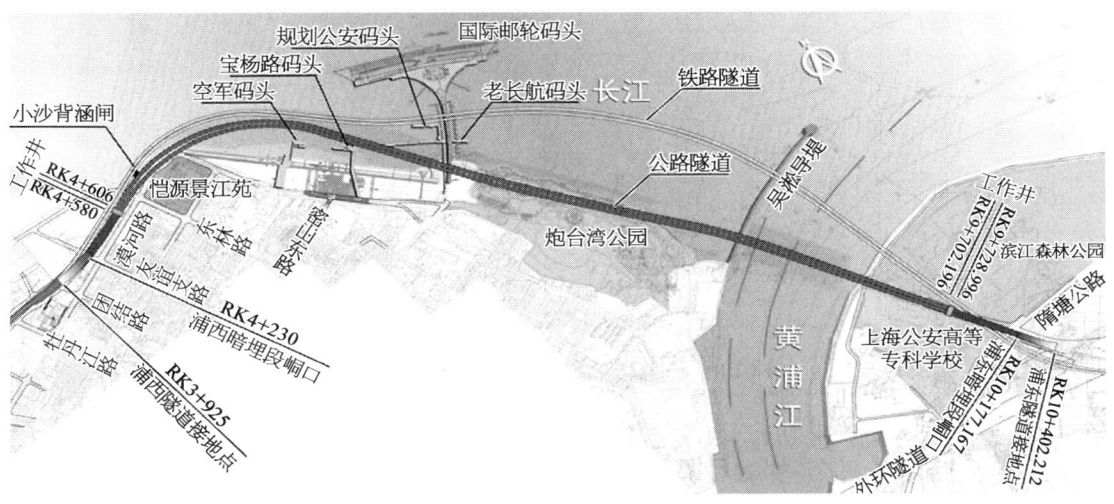

图 7.5　工程总体平面图

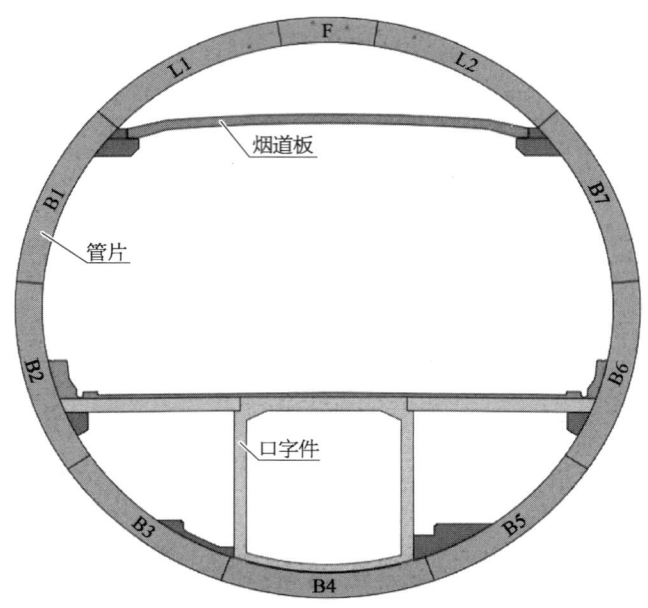

图 7.6 施工标准横断面

综合考虑工期要求和施工质量、安全、成本,确定烟道施工方式为预制与现浇相结合的形式。排烟风口烟道板及风机位置烟道板采用现浇,其余位置烟道板采用预制吊装。预制烟道板约 5 263 块,采用专用叉车起吊预制烟道板。按照设计要求,烟道施工混凝土中统一掺入防爆裂的聚丙烯纤维,掺入量为 2.5 kg/m³。

7.3.1 所需设施和设备

按照进度计划,为加快模板模架周转,采取可靠措施将牛腿模板拆模时间设置为 3 d(使用时间 4 d),由此需要牛腿模板模架 5 套。

牛腿位置定制模架植筋作业面一套 30 m 拆分为三段使用,共需 6 套。其所用设备见表 7.1~表 7.4。

表 7.1 牛 腿 模 板

编号	项目	单条隧道数量	备注
1	牛腿底模	4 套	每套长 30 m
2	牛腿侧模	8 套	每套长 30 m

表 7.2 隧道内施工模架

编号	项目	单条隧道数量	备注
1	牛腿结构施工模架	4 套	每套长 30 m

表 7.3 运 输 设 备

编 号	项 目	总 量	备 注
1	32t 行车	1 台	原口字件生产场地配置
2	13t 行车	1 台	用于隧道内预制板吊装
3	双头车 TLC-70	4 辆	用于运输预制构件
4	斯太尔 ZZ3256M3646	4	用于运输预制构件

表 7.4 隧道内配套设施

序 号	项 目	数 量	备 注
1	三头凿毛机	10 套	凿毛工具,8 用 2 备
2	电焊机	2 台	气体保护焊
3	木工机械	2 套	
4	切管机	2 台	
5	照明灯具	1 个	间隔 10 m 布置
6	植筋工具	4 个	包括吸尘设施
7	泵车	2 台	
8	警示灯箱	10 只	
9	气管、水管	各 60 m	
10	轴流风扇	4 台	

7.3.2 牛腿施工

(1) 牛腿施工采用现浇工艺。施工工序为:放样凿毛→植筋→牛腿模板就位→钢筋绑扎→立模→浇筑混凝土→喷涂养护剂→拆侧模→拆底模→移除牛腿模架。

(2) 测量放样。为确保车行通道建筑限界(主要是风机位置限制),牛腿放样按照调坡值进行。测量放样工作在该施工步骤中实施到位。

(3) 牛腿植筋。考虑弧面植筋水平度控制困难,要求设置作业用托架,以保证施工质量,如图 7.7 所示。

图 7.7 牛腿植筋

(4) 牛腿模板。基于工程量较大,采取定制模架施工烟道牛腿。架子由专业单位加工。模架设计要求为:强度、刚度、整体性,满足标高调整要求,人员作业平台,施工通道,可平移。设计图如图7.8所示。

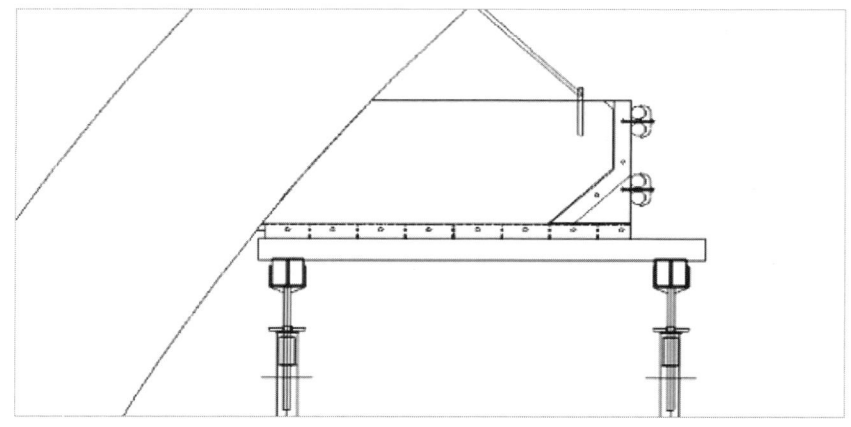

图7.8 牛腿模板

(5) 牛腿现浇。牛腿现浇采用垂直固定泵进行混凝土浇筑,浇筑完毕后及时进行养护(浇水或者喷洒养护剂,其中拆侧模时间控制为24 h,拆底模时间控制初定为72 h,按照实际试块强度调整。并且根据季节制定季节性养护措施,避免因内外温差形成各类裂缝,影响混凝土浇筑质量)(图7.9)。

图7.9 现场牛腿浇筑施工图

7.3.3 烟道板的预制

预制烟道板工程预制工序为:① 台车上进行钢筋绑扎作业;② 台车推出钢筋棚准备吊装;③ 行车将钢筋笼吊入台模;④ 进行立模板工作;⑤ 完成浇筑;⑥ 养护;⑦ 达到吊装强度

后吊放至临时养护堆场;⑧ 达到设计强度后吊运至储存待用场地。现场施工如图 7.10 所示。正常生产量为 1 250 块/月。除去开始 1 个月为试验段,平均产量约为 1 100 块/月。

图 7.10 烟道板预制现场施工图

7.3.4 烟道板现场装配

烟道板的装配采用专用叉车设备,如图 7.11 所示。叉车设计双反叉吊臂起吊货物,反叉吊臂设计 4 处吊点,分别位于 600 mm 和 1 200 mm 处。在载荷中心 900 mm 时,通过计算得出其最大载重量为 12 t。配置 M650 起重系统时,货物为达到 6 753 mm 的高度,并为符合地面不平整存在的高度差,货物起始位置需要高出 200 mm。这需要将货物抬离地面高度>453 mm。所配置双起重臂采用悬臂梁结构,如图 7.12 所示。焊接后采用整体热处理去除焊接应力,挂钩采用锻件,保证吊具使用的可靠性和安全性。起重臂安装在滑架的托架上(上端通过挂钩挂在托架上,下端采用螺栓连接撬装在托架上),便于起重臂左右侧移(调距范围为 900～2 800 mm,配置吊臂侧移范围为左、右各 200 mm)。

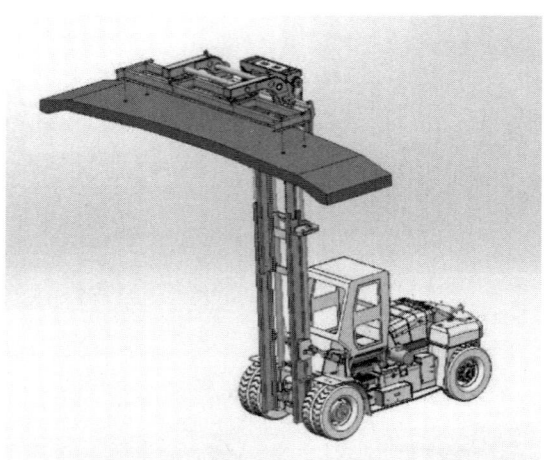

图 7.11　叉车示意图

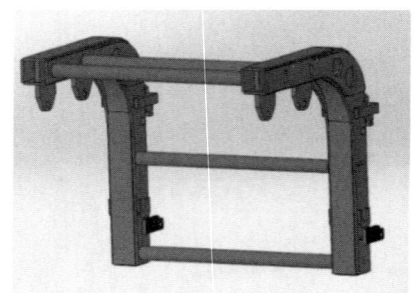
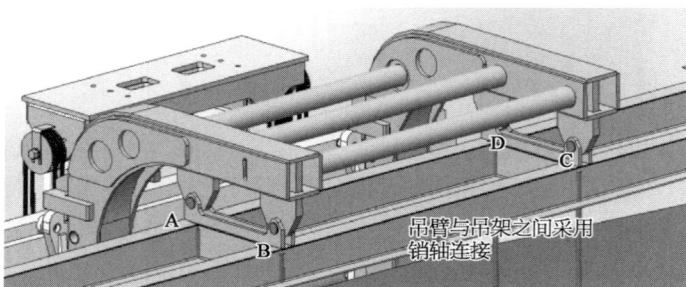

图 7.12　吊臂与吊架链接示意图

参 考 文 献

[1] 狄永娟.上海长江隧道圆隧道内部结构一体化设计及其应用[J].地下工程与隧道,2009(3):1-4.
[2] 周松.上海复兴东路越江隧道工程施工技术综述[J].岩石力学与工程学报,2004,23(z2):4761-4769.
[3] 周松,邹长中,华学新,等.上海复兴东路双管双层公路越江隧道工程施工技术[C]//成都:第11届隧道和地下工程科技动态报告会,2004.
[4] 胡滢之.双层双向盾构法隧道横断面的创新设计[J].中国市政工程,2010(S1):1-3.
[5] 朱学银,李章林.越江隧道盾构段施工技术综述[J].现代交通技术,2011,8(6):57-59.
[6] 蒋海里.预制节段逐跨拼装施工技术管理初探[J].中国市政工程,2006(4):47-49.
[7] 黄俊.盾构隧道内部双层车道结构预制化设计技术[M].北京:科学出版社,2014.
[8] 黄俊,马明,李勇,等.盾构隧道内部双层结构快速化施工方法技术研究[J].公路,2013(3):212-219.